생생한 LIVE 중국어

5

www.shinasa.co.kr
음성파일 MP3
무료다운로드

신아사

머리말

"생생한 Live 중국어" 시리즈는 2014년 2월 제Ⅰ권 출간을 시작으로 어언 5년의 집필 시간이 흘렀습니다. 원래 목표는 Ⅳ권까지로 중·고급 정도의 수준까지였습니다. 그러나 시간이 흐름에 따라 중국어의 학습 환경과 학습자들의 수준이 크게 달라짐에 따라 보다 더 높은 단계의 교재가 필요하게 되었습니다.

요즈음 대학의 현장에서 중국어를 전공하는 학생들은 과거와 다른 두 가지의 현상이 있습니다. 하나는 국내의 거의 모든 대학들이 중국의 여러 대학들과 7+1, 3+1, 2+2 등의 교환학생의 교류를 활성화시켜 학생들이 현지에서 중국어를 학습할 수 있는 기회를 크게 확대하여 중국어 능력을 향상시킬 수 있게 되었다는 것입니다. 또 하나는 중국어를 전공하는 학과에 지원하는 학생 중에 중국 현지에서 중·고등학교를 졸업하고 오는 학생이 상당수가 있으며, 심지어 초등학교부터 중국 현지에서 다녀 오히려 한국어가 서툴러 보이는 학생들도 있다는 사실입니다. 1학년 신입생이 HSK 6급을 소지하고 있는 경우도 흔히 볼 수 있게 되었습니다. 이런 학생들을 어떻게 교육해야 할 지가 국내의 중국어 교육계가 떠안아야 하는 큰 숙제가 되고 있습니다.

이러한 문제에 접근하기 위해 이에 맞는 교재의 개발도 문제 해결을 위한 노력 중에 하나라 생각하여 고급 단계의 교재인 "생생한 Live 중국어Ⅴ"를 개발하기로 마음을 먹게 되었습니다.

"생생한 Live 중국어Ⅴ"는 고급 수준의 문장과 다양한 어휘, 성어, 관용어들을 담고 있으며, 어법도 높은 수준의 어법등급을 기준으로 하고 있습니다. 중국어 문장은 모두 중국 원어민 교수들이 직접 만들어 여러 차례의 논의를 거쳐 선정하였으며, 어법 항목도 모두 어법 전문가들로 구성하여 배치하고 풀이를 해놓았습니다. 그리고 1년 동안 시험 사용을 하고 문제점을 보완하여 출간에 이르게 되었습니다.

본 "생생한 Live 중국어Ⅴ"는 "Ⅳ"보다 한층 업그레이드 된 내용의 고급 중국어 교재입니다. 전체적으로 동일한 패턴을 유지했으나 문장의 수준과 길이, 어휘와 어법 등급, 단원의 내용도 차원을 더 높여 고급 수준의 학습자에 맞도록 하였습니다.

이것으로 5권의 회화용 "생생한 Live 중국어"시리즈는 마감을 하고, 현재는 다른 집필진으로 실용적인 "생생한 Live 중국어읽기" 시리즈교재의 개발에 노력을 하고 있습니다. 부디 독자 여러분들의 애정 어린 관심과 따뜻한 조언을 부탁드립니다.

끝으로 본 "생생한 Live 중국어" 시리즈교재의 출간을 위해 물심양면으로 지속적인 노력과 지원을 해주신 신아사 여러분들께 진심어린 감사의 말씀을 드립니다.

2018년 1월

집필진 일동 拜上

CONTENTS

이 책의 구성

1 새로운 낱말

본문에 나오는 새 단어와 구에 해당하는 어휘의 발음과 의미를 제시하였다.

2 俗语와 短语

본문에 등장하는 俗语 혹은 短语를 제시하여 좀 더 고급스러운 중국어를 구사하는데 도움을 주고, 고전에서 유래한 俗语 혹은 短语의 경우에는 그 출처를 제시함으로써 어원을 이해할 수 있도록 하였다.

3 주요 표현 및 문법

본문에서 다루어진 필수적인 문법항목과 그 문법항목을 활용할 때에 필요한 단어나 주요 표현을 본문보다 먼저 배우고 본문을 배울 수 있도록 구성되어 있다. 이와 같이 수업이 진행된다면 문법도 효율적으로 익히고 본문에서 활용할 수 있으리라 여겨진다.

4 본문

중국어로 의사소통 할 때 가장 필수적이면서 자주 사용되는 표현들을 주제별로 구성하여 본문을 구성하였다. 주제에 따라 본문의 2단원으로 구분하여 상황에 맞게 회화를 구성하였다.

5 중국 문화

각 과의 주제와 연관된 중국 문화에 대하여 소개하여, 말하기 연습 외에도 중국 문화에 대하여 이해할 수 있는 장을 마련하였다.

6 연습 문제

연습문제에서는 일정한 주제를 가지고 말하는 문제를 통하여, 본문에서 배웠던 내용을 정리하고 중국어로 토론하는 연습을 할 수 있도록 하였다.

학습목표

<table>
<tr><th></th><th>주요 표현</th><th>문법 포인트</th></tr>
<tr><td>제 1 과</td><td colspan="2">有惊无险，一路顺风 놀랄 일은 좀 있었습니다만, 여정은 순조로웠습니다.</td></tr>
<tr><td>학습 목표</td><td>처치 표현
목적 표현 1
겸양 표현
전환 표현 1</td><td>“把”구문
“为了~起见”
“瞧你说的”
“A是A，不过B”</td></tr>
<tr><td>제 2 과</td><td colspan="2">你就是那位高材生啊 당신이 우수한 성적으로 입사한 그 분이군요!</td></tr>
<tr><td>학습 목표</td><td>인과관계 표현
무관계 표현
판단 표현
오판 표현</td><td>접속사 “既然”
“A归A”
“我说A怎么B，C”
“还以为~没想到”</td></tr>
<tr><td>제 3 과</td><td colspan="2">来一场说走就走的旅行 내키는 대로 떠나는 여행을 온 거에요.</td></tr>
<tr><td>학습 목표</td><td>비교 표현
연속 동작 / 강조 표현
빈도 / 정도 표현
의도 표현</td><td>“(没)有~这么 / 那么”
“说~就~”
부사 “老”
“特意”와 “故意”</td></tr>
<tr><td>제 4 과</td><td colspan="2">不舒服不要扛 아프면 참지 마세요.</td></tr>
<tr><td>학습 목표</td><td>전환 표현 2
명사 전성 표현
화제 표현
연결 표현</td><td>“不是~ 而是~”
조사 “所”
목적어 도치
접속사 “于是”</td></tr>
<tr><td>제 5 과</td><td colspan="2">支付宝改变了我们的生活方式 알리페이가 우리의 생활방식을 바꿨습니다.</td></tr>
<tr><td>학습 목표</td><td>조건 표현
반문 표현 1
가정 표현
강조 표현 1</td><td>부사 “凡是”
부사 “难道”
“吧”
부사 “尤其”</td></tr>
<tr><td>제 6 과</td><td colspan="2">走，今晚不醉不归 갑시다, 그리고 오늘 밤은 취할 때까지 마십시다!</td></tr>
<tr><td>학습 목표</td><td>선택 표현 1
순서 열거 표현
반문 표현 2
당위 표현</td><td>접속사 “要么”
“第一~ 第二~ 第三~”
“不也是想~嘛”
“不A也得A了”</td></tr>
</table>

	주요 표현	문법 포인트
제 7 과	"丑女婿"见岳父 못난 사위가 장인어른을 뵙습니다.	
학습 목표	방향보어를 이용한 가능 표현 습관 표현 불허 표현 임의 표현	"동사 + 得 / 不 + 방향보어" "动不动" 접미사 "不得" "想A就A"
제 8 과	福从天降 복이 터지다.	
학습 목표	양보 표현 관용 표현 범위 초과 표현 과거 확인 표현	접속사 "即使" "성어(成语)" "何止" "来着"
제 9 과	早餐风云 아침밥으로 인해 풍운이 발생하다.	
학습 목표	강조 표현 2 대리 표현 부여 표현 편승 표현	"是~的" 전치사 "替" "给予" 전치사 "趁"
제 10 과	一机在手，万事不愁 휴대전화만 있으면, 걱정할 필요가 없어요.	
학습 목표	동일한 임의 대상 표현 강조 표현 3 행운 표현 1 행운 표현 2	"(의문대명사)~ (의문대명사)~" "别提" "还好" "多亏"
제 11 과	上海深秋，雾锁摩天楼 상하이의 가을은 깊었는데, 스모그가 마천루를 휘감았네.	
학습 목표	목적 표현 2 원인 결과 표현 강조 부정 표현 동의 표현	"为 / 为了~" "害得" "别说A了，就连B也 / 都 / 还" "谁说不是呢?"
제 12 과	我的事业我做主 내 사업은 내가 이끌어가는 거야.	
학습 목표	선택 표현 전환 표현 3 생략 표현 결론 표현	"宁可~ 也要~" "倒是" 문장성분의 생략 "总的来说"

일러두기

1 이 책에는 중국을 배경으로 실제 졸업생 및 그 주변인물이 등장한다.

2 등장인물

강한빈(姜韩斌) : 한국인, 상하이거주. 万达贸易公司에 입사 예정.

오소영(吴小莹) : 중국인, 상하이인.

이　준(李　俊) : 중국인, 베이징인, 상하이거주.

3 주요 상황

강한빈은 졸업 후, 万达贸易公司에 입사하게 되어 상하이로 오게 되며, 그간 발전한 중국의 모습에 매우 놀라게 된다. 중국에서 회사 생활을 하면서, 또한 캠퍼스 커플이었던 오소영과 결혼 생활을 하면서, 한빈은 중국과 중국 사람의 진면목에 대하여 조금씩 알아가고 이해하게 된다. 그리고 장래에 대한 걱정으로 인해, 한빈은 회사 생활을 하는 가운데서도 자신의 사업을 일으킬 계획을 하게 된다.

중국어의 품사는 다음과 같이 약자로 표시한다.

명	명사	수	수사	조동	조동사
고유	고유명사	대	대명사	감	감탄사
형	형용사	의대	의문대명사	어기	어기조사
동	동사	전	전치사	성	성어
부	부사	양	양사	구	구
접	접속사	조	조사	방	방안

생생한
LIVE 중국어

5

www.shinasa.co.kr
음성파일
MP3
무료다운로드

01

有惊无险，一路顺风

놀랄 일은 좀 있었습니다만, 여정은 순조로웠습니다.

학습목표

처치 표현	“把”구문
목적 표현 1	“为了……起见”
겸양 표현	“瞧你说的”
전환 표현 1	“A是A，不过B”

새로운 낱말

有惊无险	yǒujīngwúxiǎn	성 놀랄 일은 있으나 위험은 없다
碰面	pèngmiàn	동 만나다, 마주치다
保险	bǎoxiǎn	명/형 보험, 안전장치 / 안전하다
托运	tuōyùn	동 (짐을) 부치다
队伍	duìwǔ	명 줄, 대오
浦东机场	Pǔdōngjīchǎng	고유 (상하이)푸동공항
没戏	méixì	동 가망이 없다
地勤人员	dìqínrényuán	명 지상직(항공 용어)
东航	Dōngháng	고유 동방항공(东方航空의 줄임말)
官网	guānwǎng	명 공식 홈페이지
超重	chāozhòng	동 무게를 초과하다
称	chēng	동 부르다, (무게 등을)달다
掂	diān	동 어림하다
公斤	gōngjīn	명 킬로그램(kg)
调整	tiáozhěng	동 조정하다, 조절하다, 정리하다
接地气	jiēdìqì	구 서민적이다
给力	gěilì	방 대박이다
延误	yánwù	동 지체하다, 지연되다
准时	zhǔnshí	부 제때에, 정시에
安检	ānjiǎn	명 보안 검색
海关	hǎiguān	명 세관
登机口	dēngjīkǒu	명 비행기 탑승구
别来无恙	biéláiwúyàng	성 별고 없으십니까?

새로운 낱말

老样子	lǎoyàngzi	명 구식, 재래식, 옛 모습
不愧	búkuì	동 ~로서 손색이 없다, 과연 ~이다
高峰	gāofēng	명 절정, 정점
磁悬浮列车	cíxuánfúlièchē	명 자기부상열차
公里	gōnglǐ	명 킬로미터(km)
龙阳路站	Lóngyánglùzhàn	고유 룽양루 역
机场大巴	jīchǎngdàbā	명 공항 리무진
沿街	yánjiē	명/동 길거리 / 길을 따라가다
刀刃	dāorèn	명 칼날, 꼭 필요한 곳

俗语와 短语

尽地主之谊 jìndìzhǔzhīyì 주인으로서 도리를 다하다.

출처: 좌전 · 애공12년(≪左传 · 哀公十二年≫)

"子服景伯谓子财曰 : '夫诸侯之会, 事既毕矣, 侯伯致礼, 地主归饩, 以相辞也.'"

(무릇 제후들의 회합에 있어서 공무를 마치고 나면 서로 예물을 주고받고, 회합을 가진 지역의 해당 군주는 생육을 보내어 작별인사의 예를 갖춘다.)

人生地不熟 rénshēngdìbùshú 어떤 지역 및 사람이 낯설다.

출처: 장한수, 야심심 제33회(张恨水, ≪夜深沉≫第33回)

"我人生地不熟的, 一个人坐在这屋子里, 闷死了."

(나는 이 곳이 낯설어서 혼자 방안에 앉아 있는데, 갑갑해 죽을 것 같다.)

比登天还难 bǐdēngtiānháinán 하늘에 오르기보다 어렵다.

恭敬不如从命 gōngjìngbùrúcóngmìng 말씀하시는 대로 따르겠습니다.

주요표현과 문법 1

1. 처치 표현: "把"

"**把**"는 전치사로서 기본적으로 술어의 대상이 어떻게 변화되었는지를 나타내는 구문을 구성한다. 이러한 "把"구문 중에서 동사가 '옮기다, 세우다' 등의 의미를 가지며 동사의 보어가 장소에 해당하는 경우에는, 행위자가 대상을 '특정한 장소로 옮김' 혹은 '특정한 장소에 정지시킴'을 나타낸다.

NP1(주어, 행위자) + 把 + NP2(목적어, 대상) + 동사 + 장소보어(在 / 到 + 장소)

我看你要**把**一半的家当**留在**这儿了。

他**把**事业重心**放在**上海。

她**把**自己的业余时间都**花在**摄影上了。

她**把**家庭**放在**第一位。

2. 목적 표현 1: "为了~起见"

"**起见**"은 조사로서 "**为了(为)……起见**"의 형태로 쓰여 '…의 견지(입장에서)에서' 혹은 '…을 위하여'의 의미를 나타낸다.

为了保险**起见**，提前三个小时到机场嘛。

为了安全**起见**，大家赶快离开这里。

妈妈年纪大了，**为了**方便**起见**，我把她接来和我一起住。

为了保险**起见**，还是少带点现金出门。

본문 ①

(在釜山金海机场)

吴小莹：你能不能再早点到啊？现在都几点了？

姜韩斌：真是太太太…… 太对不起了。本来都算好时间了，结果在临出门时，出了点小状况。

吴小莹：我不是早就告诉过你，为了保险起见，提前三个小时到机场嘛！

姜韩斌：办理托运行李的队伍可真够长的！会不会真赶不上飞机啊？

吴小莹：如果是在上海浦东机场的话，真有可能没戏了。不过这里是釜山机场，问题应该不大。

姜韩斌：有你这句话，我就放心了。看地勤人员的办事速度，应该很快就能排到我们的。

吴小莹：你到底出门前发生了什么事？怎么这么晚啊？

姜韩斌：哎，甭提了。行李箱呢，我是早就都整理好了，可就在出门前半个小时，爸爸给我来电话说，他帮我查了一下，我所坐的东航，一个人最多只能托运两个大箱子，一个箱子最多只能装23公斤的东西。

吴小莹：啊？不是吧？还有这样的规定？我也是第一次听说呢，你确定？

姜韩斌：我都查过了，在东航的官网上真有这样的提示文。你不会也超重了吧？

吴小莹：应该没有，虽然我没有称过，但是我掂过份量，不是特别重，应该不会超过23公斤。

姜韩斌：那就好。我就是因为两个大箱子都超过23公斤，所以调整来调整去，才晚了。

吴小莹：东西是够多的。大韩航空公司只允许托运一个23公斤的大箱子，今天要是坐大韩的飞机，我看你要把一半的家当留在这儿了。

姜韩斌：还是东航最接地气了！

吴小莹：在这方面东航的确很给力，可是话说回来，就是航班经常晚点，让人很不爽。

姜韩斌：到现在都没有显示延误的提示，今天应该不会晚了吧。

吴小莹：希望如此。能准时起飞就再好不过了。

姜韩斌：等我们把行李都托运了，进到里面，过安检和海关口的时候，是不是也要排很长的队啊？

吴小莹：釜山金海机场规模不大，过安检和海关的速度超快，大概只要10分钟就能顺利到达登机口了。

姜韩斌：这就好，我就喜欢这样的机场。

吴小莹：快轮到我们了，把护照准备好拿在手里。

姜韩斌：嗯…… 等等，我护照去哪儿了？

吴小莹：我的大少爷，你不是在和我开玩笑吧？

주요표현과 문법 2

1. 겸양 표현: "瞧你说的"

"瞧你说的"는 동사구로서 '뭘, 천만에'의 의미를 나타내는데, 여기에는 '상황이 청자가 생각하는 것보다 심하지 않음' 혹은 '청자의 칭찬을 받을 수준에는 이르지 못함'의 의미가 숨어 있으며, 일반적으로는 문두에 위치한다.

瞧你说的，你现在太会说话了。
瞧你说的，我都不好意思了。
瞧你说的，我哪有你说的那么好。
瞧你说的，你太客气了。

2. 전환 표현 1: "A是A，不过B"

"A是A，不过B"는 'A하기는 하지만, 결과적으로는 B하다'의 의미를 나타낸다. A에는 일반적으로 형용사가 오며, B에는 A와 반대되거나 대립되는 혹은 A와 상충되는 의미의 표현이 오게 된다.

磁悬浮好是好，不过我也事先了解过，第一票价不便宜，一个人就要四五十块，而且到了龙阳站还要再转坐地铁，也不方便啊。
这家饭馆便宜是便宜，不过味道一般。
这条珍珠项链漂亮是漂亮，不过就是价格高得有点儿离谱了。
他人聪明是很聪明，不过人品有问题。

본문 ②

李　俊：两位一路辛苦了。

姜韩斌：你好，李俊，好久不见，在机场久等了吧。

吴小莹：能在上海见到你，真高兴啊，别来无恙吧？

李　俊：嗯，我还是老样子，你倒是越来越漂亮了。

吴小莹：瞧你说的，现在太会说话了。

李　俊：箱子很重吧？把箱子给我，我来帮你拿。

吴小莹：那就不客气啦，不愧为中国好男人啊。

李　俊：我们之间还客气什么。在韩国留学期间，多亏你们的帮助，现在也让我尽尽地主之谊吧。

姜韩斌：我在上海人生地不熟的，以后还请多多关照。

李　俊：好说，好说，有什么问题随时来找我哦，千万不要和我客气。

吴小莹：浦东机场下面直接连着地铁2号线，坐地铁2号线就能直达我们的住所，很方便的。

李　俊：坐地铁又便宜又方便，不过拖着这么多大行李，走来走去挺麻烦的，而且现在又是上下班高峰时间，我觉得还是改坐其他的交通工具为妙。

姜韩斌：不如坐一次磁悬浮列车怎么样？听说速度特别快，300公里的时速可是当今世界上跑得最快的列车之一。

吴小莹：磁悬浮好是好，不过我也事先了解过，第一票价不便宜，一个人就要四五十块，而且到了龙阳站还要再转坐地铁，也不方便啊。

李　俊：不愧是上海人，你可比我还清楚啊。现在只剩下两个方案了，一是坐机场大巴，二就是直接打的。我觉得直接叫车回家最省心了。

吴小莹：打的会不会很贵啊？这里离我们住的地方挺远的。我怕我们的钱包不保啊。

李　俊：坐机场大巴虽然能到离你们住所很近的站点下，但下来后还是要打车回家，而且现在又是上下班高峰阶段，到时候辆出租车比登天还难。

姜韩斌：那么就直接去机场出租车站台打的去宿舍吧，顺便还能欣赏一下沿街的上海风景呢。

吴小莹：嗯，好的，就这么决定了。与其把时间浪费在漫长的路途中，不如把钱花在刀刃上，既省心又省力，还能把我们安全地送到家门口。

李　俊：你们俩不要和我争哦，今天第一天到上海，就让我做东，好好地请你们一下。所有费用都由我来了。

吴小莹 & 姜韩斌：那就恭敬不如从命啦。

중국문화

항공편 이용

1 각 항공사 수화물 규정(중국 항공사, 이코노미석 기준)

우리나라에서 중국으로 가기 위해서는 항공편 혹은 배편을 이용해야만 한다. 단기 여행이 아닌 경우, 즉 유학 혹은 일을 하는 경우에는 짐이 많아질 수밖에 없는데, 항공기의 경우 수화물 규정이 비교적 엄격하므로 사전에 확인을 하여 짐을 꾸려야 한다.

	중국국제항공	중국남방항공	중국동방항공
무게 및 수량	23kg 1개	23kg 1개	23kg 2개
크기 (가로 / 세로 / 높이의 합)	61cm ~ 203cm	158cm 이하	158cm 이하
회원 혜택 (수화물 추가)	23kg 1개	골드회원: 20kg 실버회원: 10kg	프리미엄s: 23kg 1개 프리미엄g: 32kg 1개
유학생 혜택	항공권 구입 시에 문의	30세 이하 증명서 제출	없음

2 상하이 자기부상열차(上海磁悬浮列车)

중국의 경제가 발전하고 기술 수준이 올라가면서, 각 지역의 공항 및 주변 시설이 확충 및 정비되고 있는데, 상하이시에서는 2000년대 초에 자기부상열차를 부설하여 공항이용객들의 편의를 도모하고 있다.

상하이 자기부상열차는 서쪽으로 상하이 지하철 2호선 '룽양루역(龙阳路站)'에서 시작하여 동쪽으로 상하이 '푸둥공항(浦东机场)'까지 29.863km의 노선을 시속 430km로 8분 만에 주파한다. 이는 중국과 독일이 합작하여 개발한 세계 최초의 상업용 자기부상열차 노선이며, 2001년 3월 1일에 시공하여 2003년 1월 4일에 정식으로 개통되었다.

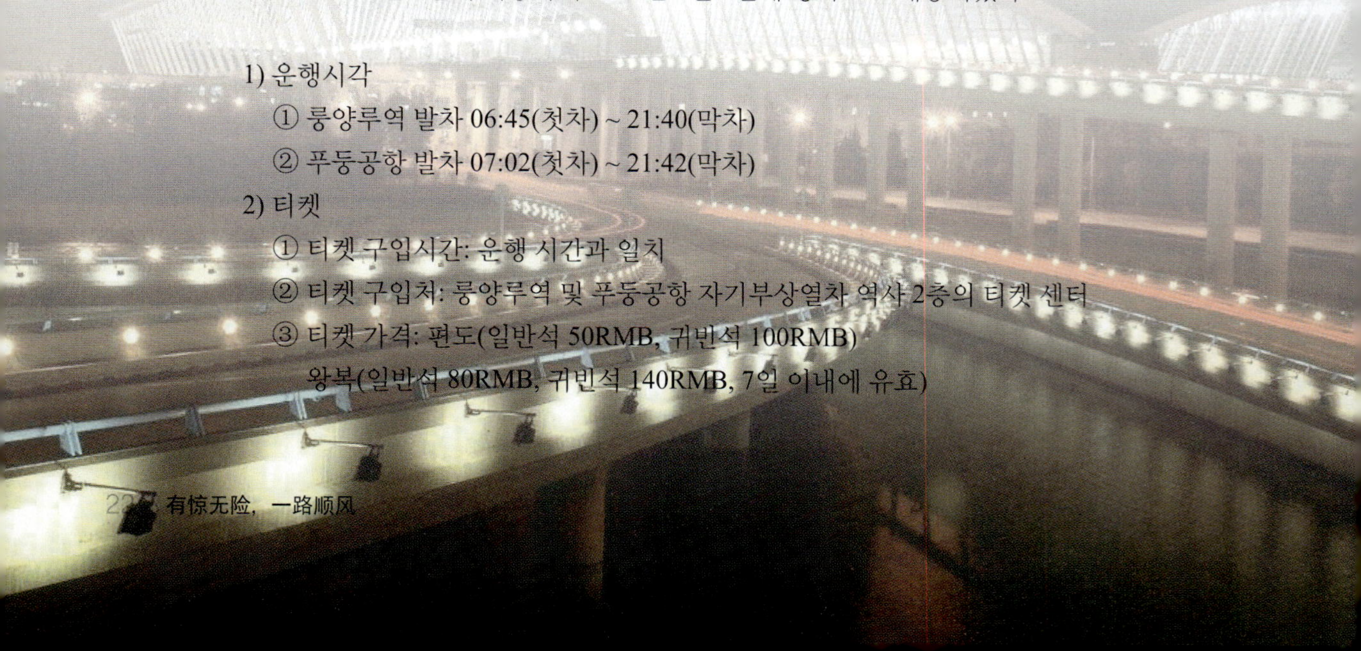

1) 운행시각

① 룽양루역 발차 06:45(첫차) ~ 21:40(막차)

② 푸둥공항 발차 07:02(첫차) ~ 21:42(막차)

2) 티켓

① 티켓 구입시간: 운행 시간과 일치

② 티켓 구입처: 룽양루역 및 푸둥공항 자기부상열차 역사 2층의 티켓 센터

③ 티켓 가격: 편도(일반석 50RMB, 귀빈석 100RMB)
왕복(일반석 80RMB, 귀빈석 140RMB, 7일 이내에 유효)

연습문제

01 옆에 앉은 친구와 자신이 여행 중에 겪었던 일 혹은 다른 사람에게 들었던 재미있는 일에 대해 이야기해 봅시다. (请和你的同桌聊一聊自己在旅行过程中发生的或听到的一件趣闻。)

02 한국과 중국의 교통문화에 대하여 비교해 봅시다. (比较一下韩国和中国在交通文化上的差异点。)

03 역이나 공항 등에 몇 시간(혹은 분) 전에 나갑니까? 그리고 그 이유는 무엇입니까? (你一般提前多长时间去火车站或机场? 理由是什么?)

04 공항에 갈 때 주로 어떤 교통수단을 이용합니까? 해당 교통수단을 이용하는 이유는 무엇입니까? (你去机场的时候一般利用什么交通工具? 理由是什么?)

02

你就是那位高材生呀

당신이 우수한 성적으로 입사한 그 분이군요!

학 습 목 표

인과관계 표현	접속사 "既然"
무관계 표현	"A归A"
판단 표현	"我说A怎么B，C"
오판 표현	"还以为~没想到"

새로운 낱말

人事部	rénshìbù	명 인사부
部长	bùzhǎng	명 부장
经理	jīnglǐ	명 경영 관리 책임자
录用	lùyòng	동 채용하다
员工	yuángōng	명 직원
综合	zōnghé	동 종합하다
排名	páimíng	명 석차, 순위
高材生	gāocáishēng	명 우등생, 우수한 인재
培训	péixùn	동 양성하다, 육성하다
初来乍到	chūláizhàdào	성 처음 오다
泡茶	pàochá	동 차를 끓이다
呗	bei	조 ~할 따름이다
应聘	yìngpìn	동 (회사에) 지원하다
上头	shàngtou	명 위, 위쪽, 상부
特地	tèdì	부 모처럼, 특별히
灵魂	línghún	명 영혼
难以置信	nányǐzhìxìn	성 매우 믿기 어렵다
一窍不通	yíqiàobùtōng	성 아무 것도 못한다(모른다)
胜任	shèngrèn	동 능히 감당하다
业务	yèwù	명 업무
充电	chōngdiàn	동 충전하다
会议室	huìyìshì	명 회의실
会客室	huìkèshì	명 접견실

새로운 낱말

报到	bàodào	동 도착 보고를 하다
挺	tǐng	부 꽤, 상당히
不费劲儿	búfèijìnr	구 힘들지 않다
学历证明	xuélìzhèngmíng	명 학력증명서
毕业证书	bìyèzhèngshū	명 졸업증서
过奖	guòjiǎng	동 과찬하다

俗语와 短语

庐山真面目 lúshānzhēnmiànmù 사물의 진상이나 사람의 진면목이 나타나다.

출처: 소식, 제서림벽(苏轼, ≪题西林壁≫)

"横看成岭侧成峰，远近高低各不同。不识庐山真面目，只缘身在此山中。"

(가로로 보면 골짜기고 세로로 보면 산봉우리네. 멀고 가깝고 높고 낮음의 모습이 각각 다르구나. 여산의 진면목을 알지 못하는 것은, 단지 이 산 가운데에 있기 때문이네.)

心里的石头落地了 xīnlǐdeshítouluòdìle 마음속의 근심이 사라졌다.

隔行如隔山 géhángrúgéshān 직업(직책)이 달라서 이해하기 어렵다.

출처: 만청문학총초 · 냉안관, 제12회(≪晚清文学丛钞 · 冷眼观≫第十二回)

"隔行如隔山，我们局外人就是有什么事看在眼里，也是猪八戒吃人参果，食而不知其味。"

(직업이 다르면 이해를 하지 못하는 법이지. 우리 같은 제삼자들은 어떤 일이든 직접 봐야 하지만, 그래도 마치 저팔계가 인삼과를 먹고도 그 맛을 모르는 것과도 같은 것이겠지.)

주요표현과 문법 1

1. 인과관계 표현: 접속사 "既然"

"既然"은 접속사로서 복문에서 주로 쓰이며, '추론적 인과관계'를 나타낸다. "既然"은 복문에서 앞문장의 첫머리 혹은 술어 앞에 놓여, 청자와 화자 모두가 알고 있는 추론의 근거가 되는 이유나 전제를 끌어낸다. 뒷문장은 추론의 결과를 나타내는데, 부사 **"就"**, **"更"**, **"也"** 혹은 접속사 **"那么"**를 수반하기도 한다.

既然进了万达，以后咱们就是同事了。

今天**既然**来了，就先带你参观参观公司吧。

既然时间还早，我们吃了午饭再走吧。

既然你都这么决定了，我也没什么好说的了。

2. 무관계 표현: "归"

"归"는 **"A归A, B"**의 형태로 쓰여 'A하는 것은 A하지만'의 의미를 가지며, 'A라는 상황 혹은 동작이 이어지는 상황(B)과 연관성이 없음'을 나타낸다.

开心**归**开心，但我怕自己做得不好。

朋友**归**朋友，借的钱还是要还的。

吵架**归**吵架，工作还是要好好做的。

那位女演员漂亮**归**漂亮，演技实在太烂了。

본문 ①

(姜韩斌通过了万达贸易公司的面试，成为了这家公司的新员工。韩斌到上海的第二天就去公司人事部报到了。)

姜韩斌：您好！请问人事部的马部长在吗？

周信天：您好！马部长刚刚去和经理开会了，请问您有什么事儿吗？

姜韩斌：我叫姜韩斌，是这次刚被录用的新员工。昨天才到上海，今天到公司来报到，看看什么时候能上班。

周信天：哦~ 您就是那位综合排名第一的姜韩斌啊。马部长老跟我们说这次招了个高材生，今天总算见到“庐山真面目了”。幸会幸会，我叫周信天，是分管人事部新员工培训的科长。欢迎您加入万达贸易。

姜韩斌：谢谢，谢谢。被您这么一夸，我都不好意思了。初来乍到，以后有什么不懂的地方，还得请周科长多多指教。

周信天：哪里哪里，既然进了万达，以后咱们就是同事了，有什么需要帮忙的，尽管说，千万别客气。

姜韩斌：好，谢谢您了。

周信天：马部长一会儿就该开完会了。您先坐这儿等会儿吧，我让小陈给您泡杯茶。

姜韩斌：不用不用，科长您先去忙吧。我一个人在这儿等会儿就行。

周信天：没事儿，边喝茶边等呗。

姜韩斌：那就麻烦您了。啊，对了，周科长，请问您知道我被分配到哪个部门了吗？

周信天：嗯，你面试的时候应聘的是销售部，对吧！因为面试成绩特别优秀，这次上头特地把你派到企划部了。

姜韩斌：企划部？这不是一个公司的灵魂部门吗？天哪，我竟然被选到企划部了？这不是做梦吧？难以置信啊。可是，我对企划什么的一窍不通，开心归开心，但我怕自己做得不好，无法胜任这份工作。

周信天：哈哈，别担心，下个月公司会进行新员工培训，到时候可以认识认识新同事，也能好好了解下公司的文化和各部门的业务情况。

姜韩斌：太好了！听您这么一说，我心里的这块石头可算落地了。大学的时候我学的是国际贸易，隔行如隔山，看来今后得常常充充电，提高一下自己的业务水平了。

주요표현과 문법 2

1. 판단 표현: "我说A怎么B, C"

"我说A怎么B, C"는 'A가 어찌 B한가 했더니, C이다'의 의미를 나타낸다. A에는 판단의 대상, B에는 판단의 내용, C에는 그 이유가 오게 된다.

我说你的汉语**怎么**说得这么地道！

我说她**怎么**哭了呢，原来是被部长训话了。

我说今天**怎么**没人来上课呢，原来临时停课了。

我说你**怎么**来晚了呢，原来路上堵车了。

2. 오판 표현: "还以为……没想到"

"还以为……没想到"에서 동사 "以为"는 '여기다, 생각하다'를 나타내는데, 현대 중국어에서는 '~라고 생각했는데 실제로는 아니다'의 의미를 내포하고 있다. 그리고 여기에서 "没想到"는 "以为"의 의미를 보충하는 역할을 한다.

我**还以为**下个星期就要上班呢，**没想到**还有一个月。

我**还以为**他是个地地道道的北京人，**没想到**是个土生土长的釜山人。

我**还以为**你们不会过来了呢，**没想到**比我到得还早。

我**还以为**他只是假装生气而已，**没想到**是真的生气了。

본문 ②

(10分钟后，马部长从会议室出来，回到了人事部。)

周信天：部长，这次新招的员工姜韩斌来了，他正在会客室等您呢。

马部长：姜韩斌？哦~哦~那个高材生，这么快就来了？我去看看。

(马部长去会客室见姜韩斌。)

马部长：小姜，你好啊！这么早就来公司报到啦？

姜韩斌：马部长，您好！我昨天刚到上海，今天就想来公司看看。

马部长：欢迎欢迎！路上都还顺利吧？

姜韩斌：挺顺利的，我女朋友是上海人，这次和她一起回来的，一点儿都不费劲儿。

马部长：你女朋友是上海人哪？我说你的汉语怎么说得这么地道！

姜韩斌：部长，您过奖了。对了，部长，我什么时候开始上班？

马部长：本来新员工是一个月之后报到，没想到你这么早就来了。正式上班前需要提交体检报告、学历证明、毕业证书，这些材料你都办好了吗？

姜韩斌：学历证明、毕业证书什么的都准备好了，就是体检报告还没去弄。

马部长：体检后拿报告还得有一两个星期，反正一个月之后才有新员工的培训，到时候你拿着体检报告再来公司报到就行。

姜韩斌：我还以为下个星期就要上班呢，没想到还有一个月。

马部长：还没怎么逛过上海吧，正式上班前，趁着有时间，多陪陪女朋友，中国这么大，到处去看看，等到上班后就不一定有这么多时间了。对了，今天既然来了，就先带你参观参观公司吧。

姜韩斌：谢谢部长。

(马部长给部长秘书室打电话。)

马部长：喂，小陈，你进来一下。

小　陈：好的，部长。

(小陈进了部长室。)

马部长：嗯，小陈，这位是我们公司新录用的高材生姜韩斌，他今天刚来公司，你带他在公司转转，给他介绍介绍。

小　陈：好的，部长。姜先生，请跟我来。

姜韩斌：好的，谢谢。

중국문화

중국 기업 채용 및 입사 과정
(알리바바 그룹, 중국 대학생 기준)

1 채용과정(졸업예정자)

1) 지원시기: 매년 7월 중순 ~ 8월 중순(내부추천) / 9월 초순(온라인 지원)

2) 온라인 필기시험: 매년 9월 상순(구체적인 과목은 8월 하순에 공지, 온라인 지원자에 한함)

3) 온라인 검정: 이력서 접수 3일 이내에 실시(기술직에 한함)

4) 면접(내부추천)

① 시기: 7월 중순에서 8월 하순에 실시

② 과정: 내부추천(内推) → 이력서 작성(简历完善) → 검정(测评) → 이력서 검토(简历评估) → 면접(面试)

5) 면접(온라인 지원)

① 시기: 9월 하순에 실시

② 과정: 온라인 지원(网申) → 검정(测评) → 필기(笔试) → 면접(面试)

6) 채용 통지: 지원방식에 관계없이 9월 하순에 일괄적으로 실시

2 입사 과정(채용통지 수령 후, 上海 지역)

1) 삼자협의(三方协议): 대학, 고용주, 피고용인(해당 대학 졸업생) 간의 협의

2) 호적 신청

① 시기: 3 ~ 4월(공고), 9월(신청 기한)

② 구비 서류: 학력 증서, 학위 증서

③ 대상: 상하이 호적이 없는 자
(단, 인재 양성 방식(培养方式)이 委托、定向 혹은 在职培养인 경우)

3) 报到证 및 보존용 개인 기록(档案)의 귀속처

① 수취인: 삼자협의(三方协议)를 체결한 회사

② 귀속처: Fesco(상하이 호적이며 복지서비스도 상하이에서 받는 사람),
户籍地职介所(상하이 호적이나 복지서비스를 상하이에서 받지 않는 사람),
原籍(상하이 호적이 아닌 사람)

4) 당 조직 소속관계 증명서(党组织关系)의 이관

① 수취인: 中共杭州市滨江区委组织部

② 귀속처: 支付宝(中国)信息技术有限公司

연습문제

☆ 자신의 생각을 말해 보시오.

01 당신은 졸업 후에 중국 회사에 취업하려 합니다. 어떻게 준비하시겠습니까? (毕业之后你打算申请中国公司，你会怎么准备呢？)

02 오늘 당신은 회사에 처음으로 출근합니다. 회사 동료와 무슨 이야기를 나눌 것입니까? (今天是你第一天去公司上班，你会和同事们聊什么呢？)

03 한국과 중국의 회사에서 각각 당신을 채용하고 싶다고 연락이 왔습니다. 당신은 어떤 선택을 하시겠습니까? (如果韩国和中国的公司都有意向录用你，你会选择哪家公司?)

04 당신이 무역회사의 사장이라면, 어떠한 인재(혹은 직원)을 채용하겠습니까? (如果你是贸易公司的总经理，你会以什么样的标准录用人才或者员工?)

03

来一场说走就走的旅行

내키는 대로 떠나는 여행을 온 거에요.

학습목표

비교 표현	"(没)有~这么/那么"
연속 동작/강조 표현	"说~ 就~"
빈도/정도 표현	부사 "老"
의도 표현	"特意"와 "故意"

새로운 낱말

洒脱	sǎtuo	형 (기품이나 행동이) 멋스럽다
冲动	chōngdòng	명/동 충동 / 격해지다, 갑자기 ~을 하다
奋不顾身	fènbúgùshēn	성 용감하게 돌진하다
自助游	zìzhùyóu	명 자유여행
自驾	zìjià	명 자가 운전
单反	dānfǎn	명 DSLR 카메라
墨镜	mòjìng	명 선글라스
无牵无挂	wúqiānwúguà	성 마음에 걸리는 것이 없다
赞	zàn	동 칭찬하다
堵	dǔ	동 막다, 틀어막다, 막히다
溜达	liūda	동 산책하다, 내키는 대로 거닐다
豫园	Yùyuán	고유 (상하이)예원
世博展览馆	Shìbózhǎnlǎnguǎn	고유 (상하이)엑스포 전시관
城隍庙	Chénghuángmiào	고유 (상하이)성황묘
园林	yuánlín	명 정원
周庄	Zhōuzhuāng	고유 저우주앙
奔	bèn	동 (목적지를 향해) 내달리다
度娘	Dùniáng	고유 검색엔진 'Baidu'의 별칭
古朴	gǔpǔ	형 소박하고 예스럽다
一醉方休	yízuìfāngxiū	성 코가 삐뚤어지도록 마시다
好客	hàokè	형 손님 접대를 좋아하다
蒙古	Měnggǔ	고유 몽골
牧人	mùrén	명 목자
掐	qiā	동 (손가락으로) 꼬집다
膻味儿	shānwèir	명 노린내
入乡随俗	rùxiāngsuísú	성 로마에 가면 로마법을 따르다
婆婆妈妈	pópomāmā	형 수다스럽다, 미적거리다
散养	sǎnyǎng	동 풀어놓고 기르다, 방목하다

새로운 낱말

口味 kǒuwèi 명 입맛, 구미

甭 béng 부 ~할 필요가 없다

嫩 nèn 형 부드럽다

酒酣 jiǔhān 형 술이 거나하게 취하다

马头琴 mǎtóuqín 명 마토우친

毡房 zhānfáng 명 유르트(Yurt), 게르

摇篮 yáolán 명 요람

传说 chuánshuō 명 전설

噎 yē 동 목이 메다

捏 niē 동 (엄지와 검지로) 집다

马奶酒 mǎnǎijiǔ 명 마유주

俗语와 短语

士别三日，当刮目相待 shìbiésānrì，dāngguāmùxiāngdài

선비는 3일을 보지 않으면, 다시 만났을 때 눈을 비비고 봐야 한다.

출처: 삼국지 · 오지 · 여몽전(≪三国志·吴志·吕蒙传≫)

"蒙曰："士别三日，即更刮目相待，大兄何见事之晚乎！""

(여몽은 "선비를 3일 동안 보지 않았다면, 다시 만났을 때에는 눈을 비비고 봐야 하는 법입니다. 형님은 일을 알아차리는 것이 왜 이렇게 느립니까!")

乐不思蜀 lèbùsīshǔ

타향살이에 빠져 고향을 잊다

출처: 삼국지 · 촉서 · 후주전(≪三国志·蜀书·后主传≫)

"他日，王问禅曰："颇思蜀否？"禅曰："此间乐，不思蜀。""

(어느 날, 왕(사마소)가 유선에게 "촉나라가 생각나지 않으십니까?"라고 물었다. 이에 유선이 "이곳의 생활이 너무 즐거워서, 촉나라는 생각나지 않습니다"라고 대답하였다.)

君子一言，快马一鞭 jūnzǐyìyán，kuàimǎyìbiān

말한 바를 그대로 행하다

출처: (송)석도원, 경덕전등록(宋·释道原，≪景德传灯录≫)

"快马一鞭，快人一言。有事何不出头来，无事各自珍重。"

(준마는 한 번만 채찍질을 해도 전력질주하며, 총명한 사람은 한 마디만 들어도 알아챈다. 일이 생기면 어찌 나서지 않겠으며, 일이 없다면 각자 진중하게 행동해야 하는 법이다.)

주요표현과 문법 1

1. 비교 표현: "(没)有~这么/那么"

'비교'의 의미를 나타낼 때, 동사 "**有**"와 대명사 "**这么 / 那么**"를 이용하는 경우가 있다. 이러한 비교문은 '사람 혹은 사물의 성질이나 상태의 차이'를 나타내는 "**比**" 비교문과는 달리, '사람 혹은 사물이 어떤 면에 있어서 유사한 수준에 이르렀는지의 여부'를 나타낸다. 이러한 형식의 비교문은 긍정형식과 부정형식이 모두 사용되나, 부정형식의 비율이 훨씬 높다.

街上**没有**想的**那么**堵，节日气氛也不像韩国那么浓。

我的脾气**没有**你的**那么**好。

苹果树**有**三层楼**那么**高了。

她的眼睛**有**大海**那么**蓝。

2. 연속 동작/강조 표현: "说~ 就~"

"**说~ 就~**"는 접속사로서 '~라고 말하자마자 ~하다(두 동작이 연이어 발생함)' 혹은 '~하면 ~한 것이지(강조)'를 나타내는데, 전자에서는 일반적으로 "说"와 "就"가 동사를 수반하며, 후자에서는 동사 혹은 형용사를 수반한다.

1) '~라고 말하자마자 ~하다(두 동작이 연이어 발생함)'

我和小莹来了一场**说**走**就**走的旅行。

说山里的风雨急，**说**下**就**下。

2) '~하면 ~한 것이지(강조)'

说做到**就**做到，才是真正的男子汉。

他**说**帮忙**就**帮忙，从不找借口推脱。

본문 ①

李　俊：嗨！韩斌，中秋小长假过得怎么样？

姜韩斌：嘻嘻，我和小莹来了一场说走就走的旅行。

李　俊：哇哦！怎么一下子变得这么洒脱？

姜韩斌：常言道：人的一生要有两次冲动，一次是奋不顾身的爱情，另一次是说走就走的旅行。现在我人生的两大冲动都已经实现，心满意足了。

李　俊：哈哈！你们去了哪里？跟团游？自助游？

姜韩斌：当然是自助游！而且是自驾哦！与爱人结伴同行，不带太多东西，一个背包，一台单反，一副墨镜，无牵无挂，自由自在……

李　俊：停！停！你的汉语水平现在太厉害了，真是"士别三日当刮目相看"啊！赞一个！不过自驾游，中秋节不堵车吗？

姜韩斌：我们的车不堵！

李　俊：为什么？

姜韩斌：自行车！

李　俊：哈哈……自行车当然不堵。骑自行车旅行，你们没有走太远吧？

姜韩斌：我们先骑着自行车，在上海市内溜达了一天，街上没有想的那么堵，节日气氛也不像韩国那么浓。

李　俊：东方明珠、外滩、豫园、上海世博展览馆，这些地方你不是早就去过了吗？

姜韩斌：是的，所以这次的重点是老城隍庙。俗话说："到上海不去城隍庙，等于没到过大上海"。

李　俊：哇噻！你比我强多了！已经会欣赏古典园林和民俗文化了！

姜韩斌：呵呵，不好意思，其实我是奔着城隍庙小吃去的。

李　俊：上海周边去了哪里？

姜韩斌：中国第一水乡……周庄。

李　俊：你你你……你们……骑骑骑自行车去的？

姜韩斌：是啊，怎么了？健身又环保，有什么问题吗？

李　俊：从上海到周庄的路可没那么好找，你们没走丢？

姜韩斌：当然走丢了！好在有"度娘"，但最可靠的还是传统方法……鼻子下有嘴。不过，当我们走进周庄，走在古镇小巷中，疲劳和烦恼就全忘了。

李　俊：那么，最让你难忘的，一定是古朴的江南文化喽。

姜韩斌：其实，让我乐不思蜀的是这个，看，我也给你带回了一瓶。

李　俊：啊？"万三酒"啊！好哥们儿，咱俩果然是知音，今晚要一醉方休。

주요표현과 문법 2

1. 빈도/정도 표현: 부사 "老"

"老"가 부사로 쓰이게 되면, '늘, 언제나, 항상'의 뜻으로 빈도를 나타내거나, '매우, 아주'의 뜻으로 정도를 나타내게 된다.

1) '늘, 언제나, 항상'(빈도)

你干嘛老掐我啊？

老麻烦您，真过意不去。

上课时，他老睡觉。

2) '매우'(정도)

东北的天气老冷了。

那孩子老可爱了。

2. 의도 표현: 부사 "特意"와 "故意"

"特意"와 "故意" 모두 '일부러'의 의미를 내포하지만, "特意(특별히)"는 그 결과가 좋음을, "故意(고의로)"는 그 결과가 좋지 않다는 어감을 가진다.

这件衣服是我特意为你买的。

他特意为你办了一个生日宴会。

他故意把咖啡碰洒了。

弟弟是故意来晚的。

본문 ②

(姜韩斌和吴小莹去蒙古大草原旅行，他们迷了路，幸好遇到热情好客的牧人。牧人大叔在蒙古包里热情地招待了他们。)

姜韩斌：哎？你干嘛老掐我啊？

吴小莹：按蒙古人做客的规矩，主人热情准备的每道食物，客人都要细细品尝。

姜韩斌：每个我都尝过一口啦！除了那个手抓羊肉。

吴小莹：手抓羊肉是最重要的一道菜，牧人大叔特意为咱们宰了一头小羊，你怎么连一口都不吃呢？那是很失礼的，而且会让牧人大叔一家失望的。

姜韩斌：可是我从来没吃过羊肉，我受不了膻味儿。

吴小莹：受不了也得吃！你要学会入乡随俗。

姜韩斌：好了好了，别婆婆妈妈的啦，我吃还不行吗？

吴小莹：其实吃起来并不像闻起来这么膻。肉质鲜美，入口即化。这些羊都是在草原上散养的，它们吃的都是天然绿色食品哦。

牧人大婶：小伙子，看你瘦的，一阵风都能把你吹跑。来，多吃点儿肉！

牧人大叔：这里可不比你们大上海，人挤人的。我们蒙古大草原方圆几十里都看不见一个人，所以路过的就是客，就是有缘。来，为缘分喝一碗。

姜韩斌：谢谢大叔大婶对我们的热情款待，我敬你们一碗。

牧人大婶：是不是这饭菜不合你的口味啊？你怎么不动筷子呢？

吴小莹：大婶，您甭管他，他平时就是吃猫食的。这羊肉可真嫩，我还从来没吃过这么好吃的手抓羊肉呢。

姜韩斌：大婶做的马奶酒真好喝，我就以酒代饭吧，呵呵。

牧人大叔：好样的！能喝酒才是男子汉！来，咱爷俩多喝几大碗。喝完好好睡一宿，明天我带你俩骑马去。骑着马在大草原上跑一圈，真是比神仙还快活啊！

吴小莹：真的吗？太好了！您可要说话算数啊！

牧人大叔：君子一言快马一鞭。对了，酒酣哪能不唱歌呢？老伴儿，去把我的马头琴拿来。

牧人大婶：这老家伙就是人来疯，你们可别见怪。

牧人大叔：(边拉琴边唱歌)洁白的毡房炊烟升起，我出生在牧人家里。辽阔无边的草原，是哺育我成长的摇篮……蒙古人，热爱故乡的人……

姜韩斌：马头琴的琴音多动听啊！让人想流泪。

吴小莹：那是因为马头琴有一个美丽动人的传说。

姜韩斌：什么传说？快讲给我听听。

吴小莹：要是你能把碗里的羊肉都吃完，我就给你讲。

姜韩斌：好，一言为定！我就让你看看什么是男子汉大丈夫！

吴小莹：慢点儿吃，别噎着。

姜韩斌：全吃完了，快讲快讲，我要做个真正的蒙古人。

吴小莹：哈哈，捏鼻子吃羊肉的人是永远也不属于大草原的。

姜韩斌：可是没人比我更会品尝马奶酒了啊！

중국문화

중국의 명승지 및 소수민족의 문화

1 저우주앙(周庄)

'저우주앙'은 중국의 강남에 위치한 작은 마을로, '중국 제일의 수향(中国第一水乡)'으로 불리며, 중국 정부에서 가장 먼저 지정한 '5A'급 관광지이다. 저우주앙은 1086년(北宋元佑元年)에 만들어지기 시작하였는데, '바(巴, 현재의 충칭(重庆) 지역)' 사람 '저우디궁(周迪功)'이 땅을 기증하여 '췐푸쓰(全福寺)'를 건축하였기에 이러한 이름을 얻었으며, 춘추시대에는 오왕(吴王) '샤오즈야오(少子摇)'의 봉토였기 때문에 '쩐펑리(贞丰里)'로 불리기도 한다.

저우주앙은 '쑤저우(苏州)'의 '쿤산시(昆山市)'에 위치하며, '강남의 육대 고읍(江南六大古镇)'중에 하나이자 2003년에는 '중국의 역사 문화 마을(中国历史文化名镇)'이라는 평가를 받았다. 저우주앙은 역사가 유구하고 강남 수향의 전형적인 풍모를 가지고 있으며 독특한 인문경관을 지니고 있기 때문에, 중국의 수향 문화 및 '우(吴)' 지역의 한족 문화에서 매우 중요한 위치를 차지한다.

저우주앙의 민간 거주지 중 60% 이상이 명청(明清) 시기에 건축되었는데, 불과 470평방미터에 불과한 작은 마을에 100여 채에 달하는 고택 및 정원이 있으며, 또한 60여 군데에 달하는 벽돌 조각 문루가 존재한다. 저우주앙의 민간 거주지는 옛 모습을 여전히 간직하고 있고, 이곳에는 각기 특색이 다른 14군데의 옛날 다리가 남아 있다. 저우주앙의 명소로는 '선완싼 고택(沈万三故居)', '푸안치아오(富安桥)', '수앙치아오(双桥)', '선팅(沈厅)', '과이러우(怪楼)', '저우주앙 팔경(周庄八景)' 등이 있다.

2 마토우친(马头琴)

'마토우친'은 2현을 지닌 현악기로서, 사다리 모양의 몸체와 말머리 모양으로 조각한 목으로 구성되어 있으며, 몽골족에게 사랑받는 악기이다.

마토우친은 몽골 민간의 찰현악기로, 몽골어로는 '킬(khil), 쿨(khul, 외몽골)' 또는 '모린 톨로가이홀(morin-tologaihole, 내몽골)'이라 불린다. 몸체는 목제로 되어 있으며, 길이는 약 1m이고 2개의 현이 걸려 있다. 음색은 풍부하고 달콤하면서 부드럽지만, 음량은 다소 작은 편이다. 전설에 따르면, 죽은 자신의 말을 그리워하던 목동이 다리뼈를 취하여 목으로 삼고, 머리뼈로 몸체를 삼았으며, 꼬리털로 현을 삼아 2현의 악기를 만들었다고 한다. 자신이 아끼던 말의 모양을 조각하여 악기의 목에 장식하였기 때문에, 지금과 같은 이름을 얻었다고 한다.

연 습 문 제

☆ 자신의 생각을 말해 보십시오.

01 당신은 어디를 여행해 보셨습니까? 가장 잊지 못하는 여행 및 그 이유에 관하여 이야기를 나누어 보십시오.(你去哪里旅行过？谈一谈你最难忘的旅行以及难忘的理由。)

02 나라마다 특색이 있는 음식과 손님을 접대하는 방법이 있습니다. 당신 나라의 음식이 가지는 특징과 손님을 접대하는 습관에 대하여 말해 보십시오. (每个国家都有自己的风味饮食和待客方式，请说说你们国家的饮食特色和待客习惯。)

03 당신은 한 백화점의 이벤트에 당첨되어 중국 여행 상품권을 받게 되었습니다. 만약 베이징 일대와 상하이 일대 중에서 선택을 해야 한다면, 어디로 여행을 가고 싶습니까? 그 이유는 무엇입니까? (你在某家百货店的活动中了大奖，获得了中国旅游商品券。如果需要在北京和上海中选择一个地方，你要到哪儿去旅游? 理由是什么?)

04 한국에서 중국인 친구에게 소개시켜 주고 싶은 곳(도시, 명승지 등)과 그 이유에 대해서 말해 보십시오. (请给中国朋友介绍一处名胜古迹或城市，并谈谈介绍的理由。)

04

不舒服不要扛

아프면 참지 마세요.

학습목표

전환 표현 2	“不是~ 而是~”
명사 전성 표현	조사 “所”
화제 표현	목적어 도치
연결 표현	접속사 “于是”

새로운 낱말

水土不服	shuǐtǔbùfú	성 기후와 풍토가 안 맞다(물갈이하다)
体检	tǐjiǎn	명 신체검사
挂号	guàhào	동 접수하다
咨询台	zīxúntái	명 안내데스크
症状	zhèngzhuàng	명 증상
导诊	dǎozhěn	동 진료 안내를 하다
护士	hùshi	명 간호사
消化不良	xiāohuàbùliáng	명 소화불량
发烧	fāshāo	명 발열
内科	nèikè	명 내과
普通门诊	pǔtōngménzhěn	명 일반진료
专家门诊	zhuānjiāménzhěn	명 특진(의사를 지정하여 진료 받음)
内蒙古	Nèiměnggǔ	명 네이멍구 자치구
舌苔	shétāi	명 설태
肠胃	chángwèi	명 창자와 위, 소화기관
负担	fùdān	명/동 부담, 책임 / 부담하다, 책임지다
促进	cùjìn	명 촉진
恢复	huīfù	동 회복하다
资格	zīgé	명 자격
流程	liúchéng	명 과정
介绍信	jièshàoxìn	명 소개서
抽血	chōuxuè	동 피를 뽑다
晕血	yùnxuè	동 피를 보고 기절하다
放射科	fàngshèkē	명 방사선과, 영상의학과
耳鼻喉科	ěrbíhóukē	명 이비인후과
血压	xuèyā	명 혈압
眼科	yǎnkē	명 안과
视力	shìlì	명 시력

새로운 낱말

近视眼 jìnshìyǎn 명 근시
外科 wàikē 명 외과
心电图 xīndiàntú 명 심전도
心脏 xīnzàng 명 심장
胃镜 wèijìng 명 위내시경
袖子 xiùzi 명 소매
挽 wǎn 동 걷어 올리다
胳膊肘 gēbozhǒu 명 팔꿈치
皮筋 píjīn 명 고무줄
攥 zuàn 동 꽉 쥐다
拳头 quántou 명 주먹
棉签 miánqiān 명 면봉
体型 tǐxíng 명 체형
适度 shìdù 형 적당하다
膝盖 xīgài 명 무릎

俗语와 短语

救死扶伤 jiùsǐfúshāng 죽어가는 사람을 구하고, 다친 사람을 돌보다

출처: (한)사마천, 보임소경서(汉·司马迁≪报任少卿书≫)
"与单于连战，十有余日，所杀过半当，虏救死扶伤不给。"
(선우(흉노의 우두머리)와 10여일을 싸워 무리의 반을 주살하였고, 그들은 사상자들을 구조할 수도 없었습니다.)

妙手回春 miàoshǒuhuíchūn 의술이 매우 뛰어나다

출처: (청)이보가, 관장현형기, 제20회(清·李宝嘉≪官场现形记≫第二十回)
"但是药铺门里门外，足足挂着二三十块匾额：什么'功同良相'，什么'扁鹊复生'，什么'妙手回春'……""
(그런데 약방의 문 안팎에 23개의 편액이 죽 걸려 있는데, 무슨 '功同良相', '扁鹊复生', '妙手回春' 등의 …)

주요표현과 문법 1

1. 전환 표현2: "不是~, 而是~"

"而"은 접속사로서 뜻이 서로 이어지는 성분을 연결하는 '순접'기능, 뜻이 상반되는 성분을 연결하는 '역접'기능 등을 가지고 있다. "不是~, 而是~" 구문에서는 "而"이 후자에 속하며, 이 구문은 '~가 아니라, ~이다'의 의미를 나타내고, "不是"과 "而是"는 명사 상당어구를 수반하게 된다.

你现在的身体状况不是考虑做体检的时候，而是应该考虑怎么养好身体。

一加一不是等于三，而是等于二。

挫折不是高不可攀的高山，而是我们前进的动力。

努力学习不是为了考高分，而是为了求知。

2. 명사 전성 표현: 조사 "所"

"所"은 조사로서 동사 앞에 쓰여 동사를 명사적 성분으로 만들어주는 역할을 하는데, 주로 문어체에서 많이 쓰인다.

据我所知，我们医院没有给外国人做体检的资格。

如上所说，我们没有一个人同意他的意见。

我对这件事略有所闻，但是不知道总体情况。

们的价值观都不同，假如不危害社会秩序，各随所好更好。

본문 ①

(吴小莹看到了姜韩斌稍微不舒服。)

吴小莹：韩斌，我看你脸色不好，是不是不舒服啊？

姜韩斌：我有点不适应蒙古菜，吃的时候觉得挺好的，现在怎么感觉这么难受呢，好像不消化。

吴小莹：嗯，我也有点不舒服，大概是水土不服。那我们去医院看一下医生吧。

姜韩斌：但是我觉得没什么大问题，扛一扛就过去了，不用去医院了吧？

吴小莹：医生就是救死扶伤的，不舒服不要扛，要去医院！

姜韩斌：好吧，顺便去做一下体检。

吴小莹：嗯，那你准备一下我们就出门。

(到了医院，在一楼大厅)

姜韩斌：小莹，在中国要怎么看病？

吴小莹：在中国无论去哪个医院都要先挂号，如果你不知道自己应该挂什么号，要先去咨询台问清楚。

姜韩斌：好的，我现在这个症状就不知道应该挂什么号，去问问吧。

(导诊柜台前)

护士小姐：请问，您有什么需要帮助的？

姜韩斌：护士小姐，您好！我消化不良，还有点发烧。应该挂哪科？

护士小姐：像您这种情况，应该挂内科，您到那边三号窗口挂内科就好了。

姜韩斌：好的！谢谢您！小莹，我们走吧。

(挂号窗口)

挂号医生：您好！您要挂哪科？

姜韩斌：您好，我要挂内科。

挂号医生：好的，请问您是挂专家门诊还是普通门诊？

姜韩斌：咦？这两个门诊有什么区别吗？

挂号医生：普通门诊是普通医生问诊，专家门诊是专家问诊。另外挂号费不一样，普通门诊的挂号费是十块钱，专家门诊的挂号费是十五块钱。

姜韩斌：这两个就差五块钱，我还是挂专家门诊吧！说不定专家可以妙手回春呢。

挂号医生：好的，这是您的病例，拿好去三楼的内科专家门诊就诊就行了。

姜韩斌：谢谢您！

(三楼内科专家门诊里面)

医　生：您好！哪儿不舒服？

姜韩斌：我前几天去内蒙古旅游，吃了很多羊肉，又喝了很多马奶酒，可是现在感觉没消化，一直堵在这儿，特想吐，还有点发烧。

医　生：嗯，你坐近一点。张开嘴，我看看你的舌苔。问题不大，你这是突然吃了很多肉，肠胃负担太大导致的消化不良，再加上你最近没休息好，体力有点下降。

姜韩斌：啊？那我该这么办？

医　生：没事，你不用担心，我给你开点促进消化的药，你回去按时服用，最近注意多休息，三五天就能恢复了。

姜韩斌：谢谢医生！对了医生，我要去一家公司工作，需要一份体检报告，想在这里做一次体检，不知道行不行。

医　生：你现在的身体状况不是考虑做体检的时候，而是应该考虑怎么养好身体。另外，据我所知，我们医院没有给外国人做体检的资格。只有出入境检验检疫局才能给外国人体检，你到上海市出入境检验检疫局去看一下吧。

姜韩斌：好的，我知道了。医生，谢谢您！

주요표현과 문법 1

1. 화제 표현: 목적어 도치

중국어에서 목적어를 주어 앞으로 도치시키는 경우가 있는데, 이때 도치된 목적어는 화제의 역할을 하게 되며, 일반적으로 '(목적어)는 (주어)가 (동사)하다'로 해석되는 경우가 많다. 그리고 행위자가 중요하지 않을 때는 주어가 생략되는 경우도 있다.

NP1(목적어, 화제) + NP2(주어, 행위자) + 동사

我们这里的体检流程你知道吧？

飞机票我已经订好了。

我的钱包到底谁拿走了？

今天的菜已经做好了。

2. 연결 표현: 접속사 "于是"

"于是"은 접속사로서 '그리하여, 이에' 등의 의미를 가지며, 복문에서 뒷문장 앞에 쓰여 앞문장과 뒷문장의 관계가 이어짐을 나타낸다.

我要去的公司要求提交体检报告，**于是**就来了。

当时我有急事儿，**于是**就提前走了。

我们走着走着腿疼了，**于是**就决定坐车。

全家人都来了，**于是**开始吃年夜饭。

본문 ②

（姜韩斌到了上海市出入境检验检疫局。）

医　生：姜韩斌？

姜韩斌：医生您好！我就是姜韩斌！

医　生：我先简单给你做个记录，问你几个问题。

姜韩斌：好的。

医　生：为什么来体检？

姜韩斌：我要去的公司要求提交体检报告，于是就来了。

医　生：国籍？

姜韩斌：韩国。

医　生：好的。我们这里的体检流程你知道吧？

姜韩斌：不好意思，我还不清楚，您能给我介绍一下吗？

医　生：首先我们要确认你的证件、护照和公司的介绍信，都带来了吧？

姜韩斌：都带来了，医生，在这里。

医　生：好的，首先要在门诊大厅挂体检号，同时交费，并且领体检表。然后要去那边的咨询台登记抽血。如果晕血，要提前告诉医生哦。

姜韩斌：好的，我不晕血。

医　生：抽完血去一楼的放射科做胸透。然后去耳鼻喉科检查。再去旁边的房间量身高、体重、测血压，之后去眼科检查视力。

姜韩斌：医生，我是近视眼，检查视力的时候需要注意什么？

医　生：到时候你就按照体检医生说的做就行了。

姜韩斌：好的，医生！

医　生：检查完视力后，去三楼的外科做心电图，检查一下心脏。对了，如果你有想增加检查的项目，一定要回挂号口重新申请。

姜韩斌：其实我想检查一下肠胃，前几天吃坏肚子了，肠胃一直很难受。

医　生：那你就做个胃镜吧。

姜韩斌：啊……那算了吧，体检表上这几项就够了。先把公司体检表的事弄完再说吧。

医　生：嗯，好的。

(体检中)

医　生：姜韩斌，姜韩斌来了吗？

姜韩斌：来啦来啦！

医　生：过来抽血。把袖子挽到胳膊肘以上，我要把这个皮筋扎在你的胳膊上。好的，攥紧拳头。

姜韩斌：要抽多少？

医　生：一点儿，看见这个针管没？抽一半就够了。

姜韩斌：好的。我可以松开拳头了吗？

医　生：你等一下，我让你松的时候再松。好的，现在松开吧。按住这个棉签，去下个项目吧。

(视力身高测试室)

姜韩斌：我的身高是多少啊？

医　生：一米八，体重七十五公斤，体形挺标准的。看样子你喜欢运动吧？

姜韩斌：嗯，我喜欢运动，尤其喜欢打篮球。

医　生：运动是个好习惯，但是要适度，注意保护好膝盖。

姜韩斌：谢谢您，我会注意的。

医　生：嗯，这是你的体检表，去检查下一项吧。

중국문화

중국에서의 병원진료 및 신체검사

중국에서 병원에 가야할 때를 대비하여 병원 이용 방법을 숙지해 둘 필요가 있다. 그리고 장기 유학 및 취업을 할 경우에는 '거류증(居留证)'을 신청해야 하는데, 이 때 '건강증명서(健康证明)'을 제출해야 하며, 이를 위해서는 지정된 기관에서 신체검사를 하여야 한다.

1 중국의 병원진료(普通门诊)

1) 挂号: 진료접수 및 담당의사 선택(초진일 경우 병력카드를 작성하는 경우도 있음, 한국과는 달리 '접수 비용(挂号费)'를 지불해야 함.)
2) 门诊: 담당의사에게 진료를 받는 과정(필요에 따라 여러 가지 검사가 추가될 수 있음.)
3) 收费: 비용 지불(일반적으로는 "挂号"하는 곳과 분리되어 있으나, 병원에 따라 통합되어 있는 곳도 있음.)
4) 药房: 처방전을 제출하고 약을 받는 곳.

2 신체검사(体检 및 健康证明)

1) 법적근거: ≪中华人民共和国外国人入境出境管理条例≫ 제 16조

   "(一)工作类居留证件，应当提交工作许可等证明材料；属于国家需要的外国高层次人才和急需紧缺专门人才的，应当按照规定提交有关证明材料。"

   (취업 거류증의 경우에는 '취업허가서' 등의 증명자료를 제출해야 하며, 국가에서 초청한 고급 인재나 긴요한 상황에서 초청한 전문 인재의 경우에는 규정에 따라 관련 증명자료를 제출해야 한다.)

   "外国人申请有效期1年以上的居留证件的，应当按照规定提交健康证明。健康证明自开具之日起6个月内有效。"

   (외국인이 유효기간 1년 이상의 거류증을 신청하기 위해서는 규정에 따라 6개월 이내에 발행된 '건강증명서'를 제출해야 한다.)
2) 서류: 여권(원본 및 복사본), 사업자 등록증 복사본, 사진 3장(여권용)
3) 신체검사 장소

   베이징(北京) – 北京国际旅行卫生保健中心(北京市海淀区德政路10号)

   상하이(上海) – 上海国际旅行卫生保健中心(上海市长宁区金浜路15号)

   * "国际旅行卫生保健中心"은 "出入境检验检疫局"의 산하기관이다.
4) 검사항목: 내과, 외과, 오관과, X선, 심전도, 초음파

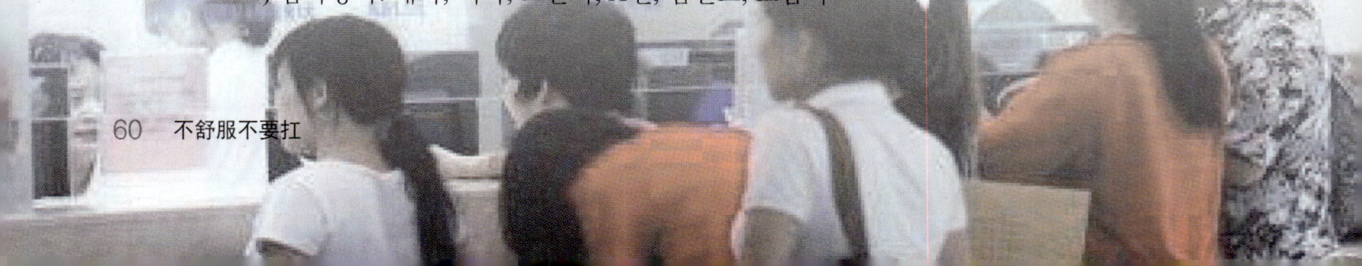

연습문제

☆ 자신의 생각을 말해 보십시오.

01 중국에서 여행을 하다가, 일을 하다가, 혹은 유학하던 중에 돌연 병에 걸렸을 때, 어떻게 병원으로 가시겠습니까? (在中国旅游、工作或者生活的时候突然生病了，怎么去医院？)

02 지원한 회사에서 신체검사표를 요구할 경우에는 어떻게 해야 합니까? (应聘企业单位需要体检表的时候怎么办？)

03 당신 혹은 주위 사람 중에서 외국에서 병원을 이용해 본 적이 있습니까? 있다면, 한국의 병원과 다른 점은 무엇이라고 생각합니까? (你或者周边的人去过国外的医院吗? 如果去过，请谈谈国外的医院和韩国的医院有什么不一样。)

04 당신은 서양의학을 선호하십니까, 아니면 한의학을 선호하십니까? 이유를 말해 보십시오. (你喜欢看西医，还是中医? 请谈谈理由。)

05

支付宝改变了我们的生活方式

알리페이가 우리의 생활방식을 바꿨습니다.

학습목표

조건 표현	부사 "凡是"
반문 표현 1	부사 "难道"
가정 표현	조사 "吧"
강조 표현 1	부사 "尤其"

새로운 낱말

创业	chuàngyè	명 창업
新兴行业	xīnxīnghángyè	명 신흥업계, 성장 산업
朝九晚五	zhāojiǔwǎnwǔ	구 9시 출근 및 5시 퇴근
投身	tóushēn	동 투신하다
网店	wǎngdiàn	명 온라인 상점
互联网	hùliánwǎng	명 인터넷
模式	móshì	명 모델
娓娓道来	wěiwěidàolái	동 이야기를 풀어가다
产业结构	chǎnyèjiégòu	명 산업구조
耳闻	ěrwén	동 귀로 듣다
电子支付	diànzǐzhīfù	명 전자 결제
支付宝	Zhīfùbǎo	고유 알리페이
微信支付	Wēixìnzhīfù	고유 위챗페이
影响	yǐngxiǎng	명/동 영향 / 영향을 주다
扫	sǎo	동 청소하다, 스캔하다
二维码	èrwéimǎ	명 QR코드
异常	yìcháng	형/부 예사롭지 않다 / 대단히
朋友圈	péngyouquān	고유 (위챗)모멘트
刷	shuā	동 솔질하다 / (모멘트를) 다시 읽다
屏蔽	píngbì	명/동 차폐, 장막 / 차단하다
左右为难	zuǒyòuwéinán	성 진퇴양난
代购	dàigòu	동 대리로 구매하다
地利	dìlì	명 지리적 이점

새로운 낱말

优势	yōushì	명 우세
护扶品	hùfūpǐn	구 스킨케어 제품
辛苦费	xīnkǔfèi	명 수고비
一举两得	yìjǔliǎngdé	성 일거양득
大批	dàpī	형 대량의
批发	pīfā	동 도매로 판매하다
软件	ruǎnjiàn	명 소프트웨어
普及率	pǔjílǜ	명 보급률
覆盖	fùgài	동 덮다, 뒤덮다
IOS系统	IOS xìtǒng	고유 애플 운영체제
安卓系统	Ānzhuóxìtǒng	고유 안드로이드 운영체제
安装	ānzhuāng	동 설치하다
内存	nèicún	명 (컴퓨터, IT기기의) 메모리
自动定位	zìdòngdìngwèi	명 자동 배치, 자동 위치 지정
输入	shūrù	동 입력하다
拼车	pīnchē	명 카풀

俗语와 短语

日新月异 rìxīnyuèyì 꾸준히 갱신하고 발전하다.

출처: 예기 · 대학(≪礼记·大学≫)

"苟日新，日日新，又日新。"

(진실로 하루가 새로워지려면, 나날이 새롭게 하고, 또 새롭게 하라.)

주요표현과 문법 1

1. 조건 표현: 부사 "凡是"

"凡是"은 부사로서 '무릇, 모두, 대체로, 대강'의 의미를 지닌다. "凡是"는 주어 혹은 목적어를 이끌어 '조건'의 의미를 지니는 문장을 만드는데, 이때의 '조건'은 '어떤 범위 안에 들어있는 모든 것'이 되며, '무릇 ~이라면, 무릇 ~은' 등으로 해석된다.

凡是有点社会资源的人都投身到创业的大潮中去了。
凡是近海的地方，比起同纬度的内陆来，冬天温和，春天反而寒冷。
凡是有生活的地方就有快乐和宝藏。

凡是 + 주어 + 동사 + 목적어
凡是 + 목적어 + 주어 + 동사

2. 반문 표현 1: 부사 "难道"

"难道"는 부사로서 '설마~란 말인가? / 하겠는가?' 등의 뜻을 나타내는데, "吗, 不成" 등과 호응하여 '반어문(反问句)'을 구성하게 된다.

难道不工作钱会从天上掉下来吗?
看你那垂头丧气的样子，难道高考落榜就没出息了吗?
外国人能做到的，难道中国人就做不到吗?
难道你没听说过大智若愚吗?

본문 ①

姜韩斌：小莹，我已经去体检了，体检结果马上就能出来。下一步就是去工作了，我终于可以工作挣钱啦！

吴小莹：哈哈！恭喜恭喜！其实我觉得想挣钱不一定非得去上班。

姜韩斌：嗯？你这话什么意思？我怎么听不明白，难道不工作钱会从天上掉下来吗？

吴小莹：哈哈！不是，你可能对中国的情况还不太了解。现在中国正处在全民创业时期，再加上各种新兴行业如雨后春笋，很多人尤其是年轻人都不太喜欢朝九晚五的固定生活，凡是有点社会资源的人都投身到创业的大潮中去了。

姜韩斌：哈哈，我知道了，就是淘宝网上开个网店啦，微信上做个代购啦，还有海淘之类的对吧？

吴小莹：对！看来你懂的还是挺多的嘛。这就是现代互联网革命下产生的新型经济模式。中国从国家层面上提出了由中国制造向中国创造转型，综合提升国家实力。

姜韩斌：哇！听起来好高大上！可是这个跟创业有什么关系？

吴小莹：有呀！你坐好听我娓娓道来。产业结构升级不是几家大型国有企业说办就能办到的，而是需要全民参与，所以全民创业只是个开始。

姜韩斌：嗯，你说的这些我也有所耳闻，中国人的生活方式真可谓日新月异，有很多东西改变了我们传统的生活模式。比如，出现了很多电子支付方式。

吴小莹：是呀！你看比较有名的就有支付宝、微信支付。

姜韩斌：嗯，这些支付方式直接影响了我们的生活方式。以前出门要带上足够的现金，还有各种信用卡银行卡。但是现在只要带着手机出门就行了。只要支付宝里有钱，购物、消费只需"扫一扫"就行了，非常方便。

吴小莹：你连扫一扫都知道啊！很厉害！现在真的太方便了，满大街的二维码。做广告可以用二维码、买东西扫二维码、支付的时候扫二维码、加好友也扫码，生活变得异常便利。

姜韩斌：我要好好工作，多挣钱，这样才能扫码购物。

吴小莹：话说回来，用手机也可以挣钱。你听说过代购吗？

姜韩斌：是不是在微信的朋友圈里发广告，然后把东西卖给周围的朋友？

吴小莹：你说的是微商，微商是在朋友圈里发产品广告，主要的客户是自己的朋友们。

姜韩斌：是的，我的微信朋友圈里就有很多人发广告，每次刷朋友圈的时候都很头疼，我都想屏蔽他们了。

吴小莹：哈哈！可不是嘛！我的感觉跟你是一样的！屏蔽吧，朋友难受；不屏蔽吧，自己难受，左右为难啊！

姜韩斌：哈哈！对了小莹，你听说过代购吗？能不能具体跟我说说代购？

吴小莹：具体点儿说就是在海外的朋友利用身处国外的优势，替国内想用海外产品的人买东西。举个例子吧，韩国的护肤品很好吧？我想用，但是中国没有卖的，我就把钱给我在韩国的朋友，让她替我买了寄回来，另外再付给朋友一定的辛苦费，这就是代购。

姜韩斌：哦，我懂了，真是一举两得啊。国外的朋友可以挣钱做为生活补助，国内的朋友又可以用上原装进口的产品，太好了。

吴小莹：不过现在有专职搞代购的人，他们投资可大了，大批地购进产品，然后批发给别人，这样可以赚更多的钱。

姜韩斌：嗯，我也听说了。现在物流也很发达，为他们搞代购提供了不少方便。

吴小莹：是的！韩斌，我觉得你做代购挺有优势的，你本身是韩国人，对韩国非常了解，现在因为韩流，韩国的产品在中国特别流行，所以我觉得在韩中之间做贸易是个好出路。

姜韩斌：哈哈！我也是这么想的，但是我现在刚毕业没什么经验，等我去贸易公司工作几年积累点儿经验再说吧。

주요표현과 문법 2

1. 가정 표현: 조사 “吧”

조사 “吧”가 문장 중간에 쓰이는 경우가 있는데, 이때에는 ‘A해도 ~하고, A하지 않아도 ~하다’라는 가정의 어기를 나타낸다.

A吧＋술어1, 不A吧＋술어2

有些软件下吧占内存，不下吧有时候还能用得上。

屏蔽吧，朋友难受；不屏蔽吧，自己难受，左右为难啊！

假期去旅游吧太累，不去吧又不知道干什么，好纠结。

坚持运动吧没那么多时间，不坚持吧会长胖，你说我该怎么办？

2. 강조 표현 1: “尤其”

부사 “尤其”는 ‘더욱이, 특히’의 의미를 나타내며, 서술의 범위를 좁혀 특정한 부분을 강조할 때 쓰인다.

上下班高峰期打车本来就困难，尤其是在上海这样的城市。

近几年受温室效应的影响夏天特别热，尤其是今年夏天。

韩国的美食特别吸引人，尤其是烤肉。

在这所大学里女生占多数，外语学院的女生尤其多。

본문 ②

(姜韩斌从公司出来要跟同事小张去别处谈业务，出门要打车。)

姜韩斌：等了这么半天怎么打不到车？

小　张：现在出租车司机都装了叫车软件，要是不提前叫车，是打不到车的。

姜韩斌：啊？什么是叫车软件？怎么没听说过？

小　张：你看我手机上下载的APP，这个"滴滴打车"就是叫车软件，另外还有个叫"快的打车"的软件，是普及率最广的打车软件，人们出行都是靠软件叫车了。

姜韩斌：我说呢，最近出门打车怎么这么困难。我也得装一个打车软件。

小　张：装吧，这样出行会方便很多。这些打车软件的普及城市很多，基本覆盖了中国主要城市，只要不是特别偏远的地方都能用。

姜韩斌：嗯，你告诉我怎么下载？

小　张：好的，首先要看你的手机是iOS系统还是安卓系统，如果是iOS系统，要去苹果专门的APP Store去下载才行。安卓系统就方便得多，因为系统是开放的，会有很多提供下载和自动安装服务的软件。但是有些软件下吧占内存，不下吧有时候还能用得上，你要有选择性地下载。

姜韩斌：我的手机是三星的盖乐世(Galaxy)系列，是安卓系统。

小　张：好的，我先用软件叫车，然后再教你怎么下载和安装。

姜韩斌：好的，你先叫车吧，我顺便也学学怎么用软件叫车。

小　张：打开软件，位置是自动定位的，不用管，然后输入个人联系方式和想去的地方就可以了。

姜韩斌：这么方便吗？太好了！

小　张：车来了，我们上车吧。

(出租车上)

姜韩斌：师傅，如果手机上没有打车软件的人想打车怎么办？

出租车司机：这个要看情况，如果不忙，可以拉，如果忙就没办法了。

小　张：上下班高峰期打车本来就困难，尤其是在上海这样的城市。有了打车软件可以提前叫车，也可以拼车，对于年轻人来说很方便，也提高了用车的效率。

姜韩斌：你说的很对，但是我觉得对老年人和来上海旅游的外国人来说就不公平了。

出租车司机：不过打车软件里有个叫优步的你们听说过吧？美国的一家科技公司开发的，这个APP在中国也挺普及的，老外可以用这个软件叫车。

小　张：嗯，我听说过这个软件，很好用。现在它已经成了中国本土打车软件最大的竞争者。

姜韩斌：哇！这几个我都要装在手机里，每天都用不同的软件叫车！

중국문화

중국의 은행업무 및 전자결제

중국에서 장기간 생활하기 위해서는 은행 계좌를 만들어 둘 필요가 있다. 중국의 은행 시스템은 우리나라와 크게 차이가 없으나, 외국인 신분으로 은행을 이용하는 것이므로 기억해 두어야 할 점도 존재한다. 그리고 현재 중국에서는 전자결제가 빠르게 확산되고 있으므로, 이에 대해서도 알아둘 필요가 있다.

1 중국의 은행업무(계좌 개설, 카드 재발급)

1) 계좌 개설(开户)

중국에서 개인이 은행 계좌를 개설하는 과정은 한국과 유사하다. 신분증(즉, 여권)을 소지하고 은행 창구에서 신청서를 작성하면 된다. 체크카드, 인터넷 뱅킹 등도 신청이 가능한데, 소정의 비용이 발생할 수 있으므로, 약간의 현금을 소지하고 은행을 방문하는 것이 좋다. 그리고 외국인의 경우에는 예금주가 영문으로 입력되는데, 대소문자의 여부 및 띄어쓰기의 유무 등을 정확히 확인해 두어야 계좌이체 시에 불이익을 당하지 않는다.

2) 카드 재발급(补发银行卡)

카드의 재발급은 카드가 오손되었거나 분실되었을 경우에 가능한데, 오손 시에는 분실신고 없이 재발급이 가능하나, 분실 시에는 반드시 분실신고를 하여야 한다. 그리고 외국인의 경우에는 재발급 기간이 일정기간(1주일에서 2주일, 은행에 따라 상이함)이 소요되며, 은행 정책에 따라 통장을 개설한 지점에서만 카드 재발급이 가능한 경우가 있으므로 주의하여야 한다.

2 알리페이(支付宝, Alipay)

'알리페이(支付宝)'는 '중국에서 가장 앞선 제3자 결제 플랫폼(第三方支付平台)'및 '간단하고, 안전하며, 빠른 결제 방안을 제공'을 표방하고 있다. "支付宝网络技术有限公司"는 2004년에 설립되어 '신뢰'를 상품과 서비스의 모토로 삼고 있고, 산하에 "支付宝"와 "支付宝钱包"의 독립된 브랜드를 보유하고 있으며, 2014년 2분기부터는 세계 최대의 모바일 결제 플랫폼 제공자로 올라서게 되었다.

알리페이는 주로 결제 및 재테크 서비스를 제공하고 있으며, 인터넷 쇼핑 에스크로, 인터넷 결제, 이체, 신용카드 상환, 휴대폰 전화비용 충전, 개인 재테크 등을 포함한다. 모바일 결제 영역으로 진출한 이후에는, 소셜커머스, 멀티플렉스 체인, 택시사업 등에도 사업영역을 확장하였다.

연습문제

☆ 자신의 생각을 말해 보십시오.

01 중국의 앱을 사용해 본 적이 있습니까? 어떻게 사용하는지 구체적으로 말해 보십시오. (你会操作的中国APP有哪些，具体说说怎么操作的。)

02 외국인이 중국에서 생활하면서 필요한 핸드폰 프로그램(앱)은 무엇이 있을까요? (外国人在中国生活有哪些手机软件是必须的？)

03 현재 한국에서 중국만큼 전자 결제가 보편화되지 못한 이유가 무엇이라고 생각합니까? (你认为电子支付在韩国普及率较低的原因是什么?)

04 일상생활 중에서 어떤 종류의 앱을 주로 사용합니까? (你在日常生活中主要使用哪些APP?)

06

走，今晚不醉不归

갑시다, 그리고 오늘 밤은 취할 때까지 마십시다!

학 습 목 표

선택 표현 1	접속사 "要么"
순서 열거 표현	"第一~，第二~，第三~"
반문 표현 2	"不也是想~嘛"
당위 표현	"不A也得A了"

새로운 낱말

受宠若惊	shòuchǒngruòjīng	성 과분한 대우에 어쩔 줄 모르다
放松	fàngsōng	동 (긴장 등을) 늦추다
大伙儿	dàhuǒr	명 모두
老规矩	lǎoguīju	명 종래의 규정, 관습
酒席	jiǔxí	명 술자리
罚酒	fájiǔ	명 벌주
高抬贵手	gāotáiguìshǒu	구 관대히 봐 주십시오
孤陋寡闻	gūlòuguǎwén	성 학식이 얕고 견문이 좁다
倒酒	dàojiǔ	동 술을 따르다
照着	zhàozhe	구 ~대로
繁文缛节	fánwénrùjié	성 허례허식, 쓸데없는 일
作弊	zuòbì	동 속임수를 쓰다
随意	suíyì	동/부 마음대로 하다 / 마음대로
意思意思	yìsiyìsi	구 뒷돈, 작은 선물, 성의 표시
K歌	Kgē	명 노래방, 무인 반주기
凌晨	língchén	명 새벽녘
尽兴	jìnxìng	동 마음껏 즐기다
奉陪到底	fèngpéidàodǐ	구 끝까지 모시다
不醉不归	búzuìbùguī	구 끝까지 마시다
迪士尼	Díshìní	고유 (상하이)디즈니랜드
精疲力尽	jīngpílìjìn	성 극도로 피곤하다
纯属	chúnshǔ	동 순전히 ~이다
闲情	xiánqíng	명 유유자적한 마음

새로운 낱말

二人世界	èrrénshìjiè	명 부부 혹은 연인 둘만의 세계
反悔	fǎnhuǐ	동 번복하다
言归正传	yánguīzhèngzhuàn	성 이야기를 본론으로 돌리다
动物园	dòngwùyuán	명 동물원
老少咸宜	lǎoshàoxiányí	구 모두에게 적합하다
憨态可掬	hāntàikějū	성 매우 천진난만하다
烦恼	fánnǎo	명/형 번뇌, 걱정, 고민 / 걱정스럽다
烟消云散	yānxiāoyúnsàn	성 깨끗이 사라지다
虹桥机场	Hóngqiáojīchǎng	고유 홍챠오 공항
直达	zhídá	동 바로 도착하다

俗语와 短语

女为悦己者容 nǚwèiyuèjǐzhěróng 여자는 자신이 좋아하는 사람을 위하여 화장을 한다.

출처: 전국책 · 조책일(≪战国策 · 赵策一≫)

"豫让遁逃山中曰: 嗟乎! 士为知己者死, 女为悦己者容。吾其报智氏之雠矣。"

(예양은 산으로 도망치면서, "선비는 자기를 알아주는 사람을 위하여 죽고, 여자는 자기가 좋아하는 사람을 위하여 화장을 한다. 내가 지백을 위하여 복수를 해야겠다"라고 말했다.)

柴米油盐酱醋茶 cháimǐyóuyánjiàngcùchá 땔감, 쌀, 기름, 소금, 장, 식초, 차. 옛날 백성들의 생활필수품 7가지.

출처: (송)오자목, 몽량록 · 상포(宋·吴自牧≪梦粱录·鲞铺≫)

"盖人家每日不可阙者, 柴米油盐酱醋茶。"

(사람들에게 매일 필요한 것은 '땔감, 쌀, 기름, 소금, 장, 식초, 차'이다)

婚姻是爱情的坟墓 hūnyīnshì'àiqíngdefénmù 혼인은 사랑의 무덤이다.

"Marriage is the tomb of love."의 중국어 번역.

출처: G. Casanova(W. Trask 역(1967)), Storia della mia vita(History of my life)

주요표현과 문법 1

1. 선택 표현 1: 접속사 "要么"

"要么"는 접속사로서 "要么~ 要么~"의 형태로 '(선택이 가능한) 두 가지 혹은 몇 가지 상황 중에서 선택함'을 나타내는 복문을 만들게 되며, '~를 하던, ~를 하던'의 의미를 지니게 된다.

要么 + 술어, 要么 + 술어

第三顿要么换个地方继续喝，要么就去K歌。

每次约会要么就是逛街-吃饭-喝咖啡，要么就是吃饭-喝咖啡-逛街。

要么你来做，要么他来做，你们最好能快点儿定下来。

他每到放假要么看电影，要么打游戏，就是不学习。

2. 순서 열거 표현: "第一~，第二~，第三~"

"第一"는 수사로서 '첫째, 최초' 등의 의미를 가지는데, 다른 수사 "第二~，第三~"과 호응하여 어떠한 사항을 열거한다. 이 때, 수사가 단독으로 쓰일 수도 있고, 양사와 결합할 수도 있다.

第一顿我们简单吃点东西，喝点儿酒就换地方。第二顿一般大家会去喝啤酒，第三顿要么换个地方继续喝，要么就去K歌。

这次乒乓球比赛的第一名是中国选手，第二名也是中国选手，第三名还是中国选手。

想学好汉语的话要记住三点，第一是多听，第二是多读，第三是多说。

본문 ①

孙　林：韩斌，今天下班后别急着走啊，公司有聚餐，欢迎你们几位新同事。

姜韩斌：哇，这么隆重啊，太让我受宠若惊了。今天正好不用和女朋友约会，玩儿到几点都没事儿。

孙　林：那下班后我们一起走吧，聚餐的地方离公司不远。

姜韩斌：行啊，一会儿下班后我来找你。

(下班后，姜韩斌与同事一起步行去饭店)

孙　林：终于到了！累死我了。小陈告诉我说15分钟左右就能到，没想到这么远，早知道就打车来了。

姜韩斌：聚餐前运动运动也好，一会儿才能吃得更多嘛，哈哈。

孙　林：那咱们今天就好好喝几杯，放松放松。

张　元：韩斌、小孙，快进来！大伙儿都到了，就等你们俩了。

马部长：韩斌、小孙，你们俩最晚。老规矩，哈哈。

姜韩斌：老规矩？什么老规矩？迟到罚钱？

孙　林：不不不，中国酒席上的老规矩就是来晚了的话要罚酒三杯！

姜韩斌：太狠了，三杯白酒下肚我估计就爬不起来了。马部长，您高抬贵手，放我一马吧。

马部长：哈哈，跟你开玩笑呢，看把你吓的，来来，快坐下来吃点菜。

姜韩斌：谢谢部长不罚之恩！

马部长：今天大家放开肚子，不仅要吃个饱，还要喝个够！来，我先敬各位一杯，以后公司的发展要靠在座的各位了。

张　元：韩斌，你喝酒怎么把身体转过去啦？放心，我不会抢你酒喝的。

孙　林：你孤陋寡闻了吧。这是韩国人的习惯，喝酒得转过去喝，韩剧里都这么演的，对吧，韩斌。

姜韩斌：在韩国，如果长辈或上级倒酒的话，得把上身转过来喝，不能当着倒酒人的面喝，表示对对方的尊敬，不过朋友之间就不用这些繁文缛节了。

张　元：韩国喝酒的讲究还不少啊，咱们中国人喝酒必须要对着对方，喝完后还要把酒杯给对方看一下，表示自己没作弊，把酒都喝光了。韩斌，既然你来了中国，今天就入乡随俗，照着我们中国的习惯喝就行！来，我敬你一杯，先干为敬！

姜韩斌：谢谢，谢谢！不过我酒量小，不敢全干了。

张　元：没事儿，你随意，不能喝的话意思意思就行了。

(酒过三巡)

姜韩斌：哇，一顿饭就吃了三个小时，我们换个地方接着喝吧。

孙　林：嗯？吃完饭不回家？你想去哪儿？哦！我想起来了，你们韩国喝酒得换三四个地方，是吧！

姜韩斌：对对对，第一顿我们简单吃点东西，喝点儿酒就换地方。第二顿一般大家会去喝啤酒，第三顿要么换个地方继续喝，要么就去K歌，很多人一喝就喝到凌晨。中国不这么玩儿吗？

张　元：韩国人这么能喝啊，我们这儿一般就喝一顿，不过一顿基本要喝两三个小时，之后就各自回家了。

姜韩斌：今天难得这么开心，时间还早，要不然咱们换个地方再去喝两杯怎么样？然后我请大家去K歌。

孙　林：好啊！难得今天这么尽兴，我们就奉陪到底！走，韩斌，今天一醉方休，不醉不归。

주요표현과 문법 2

1. 반문 표현 2: “不也是想~嘛”

“不也是想~嘛”는 ‘~라고 생각하지 않겠어?’라는 의미를 나타낸다.

人家**不也是想**打扮得漂亮点儿见你**嘛**。

我**不也是想**早点毕业**嘛**。

他**不也是想**让你过上好日子**嘛**。

爸妈**不也是想**让你早点找个好工作**嘛**。

2. 당위 표현: “不A也得A了”

“不A也得A了”는 ‘A하고 싶지 않아도 A해야 한다’라는 의미를 나타낸다.

冲你这句话，我**不**嫁**也得**嫁**啰**。

马上就要下雨了，**不**走**也得**走**了**。

听说这次考试的内容全在书上，**不**看**也得**看**了**。

女朋友第一次给我做的菜，**不**想吃**也得**吃**了**。

본문 ②

姜韩斌：小莹，我到你家楼下了，快下来吧。

吴小莹：你等我五分钟，我马上下去。

(三十分钟后)

姜韩斌：我的大小姐，你终于下来了，女人说等我五分钟绝对不可信啊，一等就至少半个钟头。

吴小莹：好了好了，"女为悦己者容"，咱俩好久没约会了，人家不也是想打扮得漂亮点儿见你嘛。

姜韩斌：今天想去哪儿玩？迪士尼？

吴小莹：迪士尼好是好，就是人太多，玩儿什么都要等好久，一天下来，别提玩儿了，光是排队估计就累得精疲力尽，想想就可怕。

姜韩斌：迪士尼不想玩儿，那我们去看电影吧。

吴小莹：最近没什么好看的大片儿，花两小时坐在电影院里纯属浪费时间，没劲。

姜韩斌：那逛街呢？

吴小莹：你们男生不是最讨厌没有目的的逛街吗？再说了，回上海后每次约会要么就是逛街-吃饭-喝咖啡，要么就是吃饭-喝咖啡-逛街，这次换点儿别的吧。

姜韩斌：和女朋友约会比写公司的企划案还要难。

吴小莹：哈哈，不会吧，我就这么难伺候呀，那以后结婚了怎么办？

姜韩斌：结婚了好办啊，每天柴米油盐酱醋茶，估计忙得都没闲情约会了。

吴小莹：不行不行，咱们要是结了婚可不能那么过，虽然大家都说"婚姻是爱情的坟墓"，但我还是希望结婚后我们可以照样浪漫地过日子。

姜韩斌：行啊，周一到周五努力工作，周末就过我们的二人世界！

吴小莹：刚刚你说的话我都录下来了，到时候可不许反悔哦！言归正传，咱们去哪儿好呢？

姜韩斌：嗯，以前在釜山没事儿就可以去看看海、爬爬山，来了上海怎么想不到什么好玩儿的啊。

吴小莹：啊，我想起来了！韩斌，我们去动物园吧！

姜韩斌：动物园？在釜山还真没去过，不过动物园不都是小朋友们去的吗？

吴小莹：哈，这你就不知道了吧。动物园可是老少咸宜哦，无论大人、小孩都喜欢去那儿，看着那些憨态可掬的小动物们，什么烦恼都会烟消云散的。

姜韩斌：我还是小学毕业那会儿和老师同学们去过一次首尔的动物园呢，长大后就再也没去过。嗯，听你的，今天就去动物园重温一下童年的回忆。

吴小莹：动物园在虹桥机场那边，咱们坐地铁去吧，10号线直达。

姜韩斌：好，现在就出发。今天多拍些照片，回头我去做本影集，等咱们老了可以经常翻出来看看。“我能想到最浪漫的事，就是和你一起慢慢变老”。

吴小莹：韩斌，没想到你连这首歌都知道！冲你这句话，我不嫁也得嫁啰。

중국문화

중국의 회식문화

중국에서도 집단 구성원의 화합을 도모하기 위하여, "聚会" 즉 회식을 하곤 한다. 중국의 회식 문화에서는 "排座"와 "敬酒"를 중요시하는데, '排座를 통해 예의를 알고 있는지 알아보며, 敬酒를 통해 사회교제 능력을 알아본다'고 말할 정도이다.

1 좌석 배치(排座)

'좌석 배치(排座)'는 중국 식문화와 관련된 예의 중에 하나로, 연회에서 좌석의 등급을 나누어 윗자리를 지위가 가장 높은 손님에게 내어주고 나머지 자리를 주인과 손님의 지위고하에 따라 배정하는 것을 가리킨다. 큰 틀에서 보자면 '좌측을 중시'하는 것과 '문을 마주보고 있는 좌석을 윗자리로 삼는'것을 원칙으로 한다.

좌석이 원탁일 경우에는, 대문(정문)을 바라보는 좌석을 윗자리로 삼고, 윗자리의 좌측과 우측에 번갈아 가며 좌석을 배정하는데, 좌측부터 배정을 하며 지위가 높은 사람을 윗자리 가까이에 앉히게 된다.

좌석이 팔선탁(방형)일 경우에는, 대문(정문)을 바라보고 좌석이 있는가의 여부에 따라 윗자리를 정하게 된다. 좌석이 대문을 바라보고 있다면 그 좌석의 우측이 윗자리가 되며, 좌석이 대문을 바라보지 않는다면 동쪽 좌석의 우측이 윗자리가 된다. 그 이후에 원탁과 마찬가지의 방식으로 좌석을 배정한다.

2 건배 제의(敬酒)

'건배 제의(敬酒)'는 "祝酒"로도 불리며, 정식 연회에서 주최자 혹은 빈객들이 건배제의를 하는 것을 말한다. '건배 제의'는 연회가 진행되는 동안(일반적으로는 디저트가 나오기 전까지)에는 언제든 할 수 있지만, 빈객들이 음식을 드는 것을 방해하지 않는 때에 하는 것이 일반적이다.

첫 건배 제의는 연회를 주최한 사람이 하는 것이 일반적이나, 그 이후에는 누구든지 할 수 있다. 건배 제의을 할 때에는, 오른손으로 잔을 잡고 왼손으로 잔을 받친 후에 간단히 축사를 하고 건배를 제의한다.

건배 제의는 일반적으로 전체 참석자들에게 건배를 제의하는 것을 의미하지만, 개인적으로 술을 나누는 것도 포함된다. 후자의 경우에는, 아랫사람이 윗사람을 찾아가서 건배 제의를 하는 것이 예의이며, 지위 및 나이가 비슷한 경우에는 예의를 까다롭게 따지지 않는다.

연습문제

☆ 자신의 생각을 말해 보십시오.

01 한국과 중국의 음주 문화, 테이블 매너(혹은 식사 예절)가 어떻게 다른지 이야기 해 봅시다. (请谈谈中国､韩国的饮酒习俗､餐桌礼仪有什么不同?)

02 한국 및 중국 젊은이들의 데이트 방식에 대하여 이야기 해 봅시다. (请谈谈中韩两国年轻人约会的方式。)

03 중국(혹은 다른 외국)의 음주 문화와 비교해 보았을 때, 한국 음주 문화에서 개선해야 할 점에 대하여 이야기 해 봅시다. (和中国或其他国家的饮酒文化相比，请谈谈韩国的饮酒文化在哪些方面需要改善。)

04 데이트할 때 비용을 누가 부담해야한다고 생각합니까? 남자 혹은 여자 중 한쪽입니까, 아니면 더치페이입니까? (你认为谁应该承担约会的费用? 男人还是女人?或者AA制?)

07

"丑女婿"见岳父

못난 사위가 장인어른을 뵙습니다.

학 습 목 표

방향보어를 이용한 가능 표현	"동사 + 得/不 + 방향보어"
습관 표현	"动不动"
불허 표현	접미사 "不得"
임의 표현	"想A就A"

새로운 낱말

准女婿	zhǔnnǚxu	명 예비 사위
七大姑八大姨	qīdàgūbādàyí	명 먼 혹은 가까운 친척
亲戚	qīnqi	명 친척
女婿	nǚxu	명 사위
挑剔	tiāotì	동 지나치게 트집을 잡다
考核	kǎohé	동 심사하다, 시험하다
过关	guòguān	동 고비를 넘기다, 관문을 통과하다
公婆	gōngpó	명 시부모
帅	shuài	형 멋지다
谦虚	qiānxū	형 겸손하다
攻略	gōnglüè	명 공략
长袍马褂	chángpáomǎguà	명 (만주족의) 상의와 마고자
朴素	pǔsù	형 소박하다
大方	dàfang	형 (행동 등이) 시원시원하다
岳父	yuèfù	명 장인
谦谦君子	qiānqiānjūnzǐ	성 겸손하고 자신에게 엄격함
哑巴	yǎba	명 벙어리
眼力见儿	yǎnlìjiànr	명 눈치, 눈썰미
屁股	pìgu	명 엉덩이
贵客	guìkè	명 귀한 손님
鹦鹉	yīngwǔ	명 앵무새
鸿运当头	hóngyùndāngtóu	구 행운이 오다
一表人才	yìbiǎoréncái	성 훌륭한 인물
只	zhī	양 (날짐승, 길짐승) 마리
心坎	xīnkǎn	명 명치, 심중
上进	shàngjìn	동 진보하다, 나아가다
亲手	qīnshǒu	부 친히

새로운 낱말

满汉全席	MǎnHànquánxí	고유 만한전석
眼珠子	yǎnzhūzi	명 눈망울, 눈알
传男不传女	chuánnánbùchuánnǚ	구 남자에게만 전하다
光荣	guāngróng	명/형 영광 / 영광스럽다
耍	shuǎ	동 가지고 놀다, 피우다
大男子主义	dànánzǐzhǔyì	명 남성우월주의
冒汗	màohàn	동 땀을 흘리다
瞎操心	xiācāoxīn	구 쓸데없이 걱정하다
心疼	xīnténg	동 몹시 아끼다
分心眼儿	fēnxīnyǎner	구 딴 마음을 먹다
通人气	tōngrénqì	구 마음을 알다

俗语와 短语

三十六计走为上策	sānshíliùjì zǒuwéishàngcè	삼십육계 줄행랑이 상책이다.

출처: 남제서 · 왕경칙전(≪南齐书·王敬则传≫)

"檀公三十六策，走是上计，汝父子唯应急走耳。"

(단장군도 삼십육계 가운데 달아나는 것이 상책이라고 했지. 너희 부자가 할 수 있는 것이라곤 이것밖에 없겠지.)

明知山有虎, 偏向虎山行	míngzhīshānyǒuhǔ, piānxiànghǔshānxíng	위험한 것을 알면서도 어떤 일을 하다.

출처1: (청)기윤, 열미초당필기 15권 · 고망청지일 · 호함산동
(清·纪昀≪阅微草堂笔记 卷十五·姑妄听之一·虎陷山洞≫)

출처2(유사한 표현): 증광현문(≪增广贤文≫)

"河狭水紧，人急智生。明知山有虎，莫向虎山行。"

(물길이 좁아지면 물이 빨라지고, 사람이 급하면 살 방도를 생각하는 법이다. 호랑이가 산에 있는 것을 알아차렸다면, 굳이 호랑이가 있는 쪽으로 가지 마라.)

上得了厅堂, 下得了厨房	shàngdéliǎotīngtáng, xiàdéliǎochúfáng	집 안팎의 일을 모두 완벽히 처리하다.
猪八戒照镜子- 里外不是人	zhūbājièzhàojìngzi –lǐwàibúshìrén	매우 곤란한 상황에 처하다. 무슨 일을 하던 질책을 받다.

주요표현과 문법 1

1. 방향보어를 이용한 가능 표현

'가능보어'는 동작 혹은 행위가 어떤 결과 혹은 상황에 '이를 수 있는가의 여부'를 설명하는 보어를 말한다. '방향보어'를 이용하여 이러한 가능보어를 만들 경우에는, '동사+방향보어'의 술보구조에서 동사와 방향보어 사이에 "得"를 삽입하면 되며, 부정형식은 "得" 대신에 "不"를 삽입한다.

동사+得+방향보어(긍정형)

동사+不+방향보어(부정형)

我担心进得去门，出不来门啊。

她说的话太难听，我听不下去了。

环境不好也没关系，我学得进去。

你还能想得起来我的名字吗？

2. 습관 표현 : "动不动"

"动不动"은 부사로서 '걸핏하면, 툭하면' 등의 의미가 있으며, 주로 "就"와 짝을 이루어 '원하지 않거나 싫어하는 행동이 쉬이 발생하는 것'을 나타낸다.

我爸最不喜欢不谦虚的人，别动不动就夸自己帅。

他动不动就生气。

你动不动就拿分手吓唬人。

青春期的孩子动不动就离家出走。

본문 ①

吴小莹 ：这个周六，我爸妈邀请你去我家吃饭。

姜韩斌 ：哦，我的天！是相准女婿吗？七大姑八大姨都来吗？

吴小莹 ：我们家亲戚都在外地，没有那么多人来相你，就我爸妈在家。

姜韩斌 ：谢天谢地！不过我听说中国父母“相”女婿特别挑剔，考核严格，我担心进得去门，出不来门啊。

吴小莹 ：哈哈，那你可得小心点儿！要好好表现，才能过得去我爸妈这关，否则咱俩可就没戏啦。

姜韩斌 ：救命啊！我该怎么办？我要三十六计走为上策了。

吴小莹 ：俗话说：丑媳妇早晚得见公婆。你这个丑女婿还能逃得了？

姜韩斌 ：我可不是丑女婿，人家帅着呢！

吴小莹 ：我爸最不喜欢不谦虚的人，别动不动就夸自己帅。

姜韩斌 ：好吧，知道了。等一下，我去拿笔记本。

吴小莹 ：干嘛？高考吗？还需要记笔记？

姜韩斌 ：当然，这是人生大事，马虎不得。我得准备一份第一次去女友家的拜访攻略，知己知彼，才能百战百胜。首先，你说我穿什么衣服好？西装配领带？还是长袍配马褂？…… 你干嘛瞪我？

吴小莹：现在哪有人穿长袍马褂？西装也免了吧，我觉得牛仔裤配T恤衫就不错，既朴素又大方。

姜韩斌：礼物呢？第一次拜见准岳父，一般会带什么礼物？

吴小莹：传统方式会带烟酒糖茶和水果，但现代人都追求健康生活，所以不要送烟酒，最好是投其所好。我爸喜欢养鸟，你可以去鸟市买只鹦鹉，我妈喜欢养花，你可以去花市买盆好花。

姜韩斌：T恤衫、牛仔裤、送花鸟，记下来了。还有什么注意事项？

吴小莹：我爸喜欢谦谦君子，所以你要谦虚有礼貌，问你时你回答，不问时，最好不要乱说话。

姜韩斌：这个不难，韩国年轻人在老人面前基本都是半个哑巴。

吴小莹：还有，让你吃什么，你要先客气一下，不要拿过来就吃，更不可以自己提出要求。

姜韩斌：好，少说话，要客气，不能自己要吃的。还有吗？

吴小莹：最重要的是，要有眼力见儿，看见我爸妈干活，你要抢着干。饭前摆桌子，饭后刷碗扫地，不要像个少爷，屁股长在沙发上。

姜韩斌：啊？这跟我们完全相反啊！在韩国，女婿是百年贵客，如果抢着干活，老人们会觉得失礼、心里不舒服的。

吴小莹：不管怎样，要入乡随俗才能把我娶进门。记住了吗？周六上午12点，我家小区门口，不见不散。

姜韩斌：记住了，夫人！明知山有虎，偏向虎山行，不见不散。

주요표현과 문법 2

1. 불허 표현: 접미사 "不得"

"不得"는 접미사로서 동사 혹은 형용사 뒤에서 '~해서는 안 된다, ~할 수가 없다' 등의 의미를 나타낸다.

当然，这是人生大事，马虎不得。

这种东西吃不得。

那里很危险，你去不得。

他们都是小流氓，你惹不得。

2. 임의 표현: "想A就A"

"想A就A" 구문은 "想"과 "就" 뒤에 동일한 동사가 수반되어 'A하고 싶은대로 하다'의 의미를 나타낸다.

这孩子，想来就来，还带什么礼物啊。

假期在家轻松自在，想吃就吃，想睡就睡。

那家伙从来不考虑别人的感受，想唱就唱，想喊就喊。

他从不放弃，想做就一定做。

본문 ②

吴　妈：快请进，快请进！

姜韩斌：阿姨好，打扰你们了。

吴小莹：妈，这是韩斌送你们的礼物。这只虎皮鹦鹉是送给爸爸的，这盆“鸿运当头”是送给您的。

吴　妈：这孩子，想来就来，还带什么礼物啊，下次千万不要客气。哎哟，这花多漂亮啊！开得红灿灿的，真喜庆。

吴　爸：谁来了？这么热闹！这就是韩斌吧？啧啧，真是一表人才啊！

姜韩斌：叔叔好！哪里哪里，我是丑女婿，谢谢您夸奖。

吴　爸：好漂亮的大鹦鹉！正好我养的那两只，前几天死了一只，想着再给它配一只呢，真是送礼送到心坎儿里了！

吴　妈：快进屋，千万别客气，就跟到自己家一样。你们先聊，我去摆饭桌。

姜韩斌：阿姨，我帮您，让我来吧。

吴　妈：这小伙子真有眼力见儿！你第一次来，先陪叔叔聊天吧。

吴　爸：来，韩斌，坐这儿。会抽烟吗？

姜韩斌：不会，谢谢。

吴　妈：现在不抽烟的小伙子可不多了。会喝酒吗？

姜韩斌：不不不不……会，谢谢。

吴　爸：好样的！年轻人要有正事，不能沉迷于烟酒。看得出来，你是个积极上进的孩子。来，吃点儿水果吧。

姜韩斌：不不会，谢谢。

吴　爸：啊？水果也不会吃？

姜韩斌：不不，会吃会吃，对不起，说错了。

吴　妈：开饭喽，过来吃饭吧。都是家常便饭，是阿莹爸爸亲手做的，韩斌，你要多吃点儿啊！

姜韩斌：啊？叔叔的手艺这么棒啊！简直是丰盛大餐、满汉全席啊！色、香、味俱全，让人流口水呢！

吴小莹：嗨，冷静点儿，眼珠子都快掉下来了，别那么没出息，想想拜访攻略。以后多跟我爸学学，他的厨艺是传男不传女，做饭这个光荣任务就交给你了！

吴　妈：这孩子，都是我把她惯坏了，别理她。来，吃块红烧排骨，再来个糖醋大虾。

吴　爸：我们上海好男人，家里家外一把手，既会挣钱养家，又会做家务，做饭打扫带孩子，全都不在话下。上得了厅堂，下得了厨房，韩斌啊，你能行吗？

姜韩斌：啊？我……我……我……

吴　爸：我们就这一个宝贝女儿，你可不能耍韩国的大男子主义啊！你不会对她不好吧？

姜韩斌：啊？会……会……会的……

吴　爸：会的？那我得考虑考虑能不能把女儿放心地交给你了。

姜韩斌：不不不，不会的……我的意思是说，我会对小莹好的，我不会对她不好的……

吴　妈：你这个老头子怎么了？看把孩子吓的，都冒汗了！别紧张，韩斌，来，再吃点儿清蒸鱼！

姜韩斌：阿姨，我我我真的吃不下去了……

吴小莹：爸，您就别瞎操心了。我和韩斌都有工作，都很忙。家务我们会共同承担，负担不能压在一个人身上，他会累坏了的。我知道您是心疼我，可我也心疼我爱的人啊！

吴　爸：你看看，你看看，这还没结婚呢，就跟咱们分心眼儿了！我这是猪八戒照镜子……里外不是人啊！

姜韩斌：叔叔，您别担心，我会努力成为一个像您这样有责任、爱妻子的上海好男人的。

虎皮鹦鹉：好男人！好男人！我爱小莹，结婚，结婚！

吴爸吴妈：哈哈哈哈哈，这鸟还真通人气！谁教的？……

중국문화

중국의 전통혼례 : 육례(六礼)

'육례(六礼)'는 "议婚(혼사에 대해 논의함)"에서 "完婚(혼례를 치름)"에 이르는 혼례의 여섯 단계를 총칭하는 말이며, "纳采", "问名", "纳吉", "纳征", "请期", "亲迎"으로 이루어진다. 현대의 결혼과 다른 점은 혼례의 절차가 대부분 중매쟁이를 통하여 진행된다는 것이다.

1. 납채(纳采) : 남자 측에서 중매쟁이를 통하여 혼인의 의사를 밝힌 후, 여자 측에서 수락을 하면 남자 측에서 예물을 준비한 후 정식으로 청혼하는 것을 말한다.

2. 문명(问名) : 남자 측에서 중매쟁이를 통하여 여자의 이름과 사주팔자(生辰八字)를 묻는 것으로, 근친혼을 방지하고 남녀의 궁합을 알아보는 목적이 있다.

3. 납길(纳吉) : 남자 측에서 조상의 사당에서 여자의 사주팔자로 점을 치는 것을 말하며, 궁합이 맞을 경우에는 남자 측에서 예물을 갖추어 혼인이 결정되었음을 알리게 된다.

4. 납정(纳征) : 납폐(纳币)로도 불리는데, 남자 측에서 여자 측에 예물을 보내는 것이며, 정혼(订婚)의 주요한 수단이다. 납길(纳吉)와 묶어서 행하기도 한다.

5. 청기(请期) : 남자 측에서 혼례 날짜를 정하여, 여자 측에 예물과 함께 동의를 구하는 것을 의미한다.

6. 친영(亲迎) : 신랑이 신부 집에 가서 데려오는 것으로, 이 단계에서 실질적인 혼례를 거행하게 된다. '친영'은 두 가지의 의미를 지닌다. 첫째는, 신부 측에 대한 존경을 표시하는 것으로서, 모계 사회의 전통이 '친영'의 형태로 남아 있었음을 나타낸다. 둘째는, 신부를 시집으로 데려오겠다는 의사를 표명하는 것으로서, 부계 사회로의 변화를 반영하는 것이다.

연습문제

☆ 자신의 생각을 말해 보십시오.

01 결혼하기 전에 한국의 젊은이들은 상대방의 부모님을 자주 찾아뵙습니까? 어떠한 상황에서 찾아뵙습니까? (为了结婚，韩国年轻人也常常相亲吗？什么样的情况下会选择相亲？一般怎么相？)

02 한국의 젊은이들은 연인의 부모님을 찾아뵐 때 어떤 선물을 준비합니까? 혹시 금기시되는 물건이 있습니까? 어떻게 하면 상대방의 부모님께 좋은 인상을 남길 수 있을까요? (韩国年轻人第一次去拜见恋人的父母，会带什么礼物去？有什么习俗或禁忌？怎样才能给对方的父母留下好印象？)

03 예비 시아버지 / 시어머니 / 장인어른 / 장모님을 처음 뵌 자리에서 어색한 분위기가 흐릅니다. 이 상황을 어떻게 대처하겠습니까? (初次见到准公婆或准岳父母有冷场的时候，你会怎么对付这种情况?)

04 상대방의 부모님께서 결혼을 반대할 때 어떻게 설득하겠습니까? (对方的父母反对你们结婚，你会怎么说服他们?)

08

福从天降

복이 터지다.

학 습 목 표

양보 표현 관용 표현 범위 초과 표현 과거 확인 표현	접속사 “即使” 성어(成语) “何止” “来着”

새로운 낱말

福从天降	fúcóngtiānjiàng	구 복이 터지다
差异	chāyì	명 차이
夹	jiā	동 끼이다, 끼우다
好兆头	hǎozhàotóu	구 좋은 징조
首当其冲	shǒudāngqíchōng	성 가장 먼저 공격받다
婚房	hūnfáng	명 결혼하여 살 집, 신접살림
概念	gàiniàn	명 개념
逼	bī	동 조르다, 압박하다
看待	kàndài	동 대하다, 다루다
自主空间	zìzhǔkōngjiān	구 자신만의 공간
开明	kāimíng	형 (생각이) 깨어있다
背债	bēizhài	동 빚지다, 채무를 지다
房奴	fángnú	구 하우스 푸어
吃苦受累	chīkǔshòulèi	동 고생하면서 살다
开诚布公	kāichéngbùgōng	성 흉금을 털어놓다
发麻	fāmá	동 (근육이) 저리다
隆重	lóngzhòng	형 성대하다
索性	suǒxìng	부 차라리
周围	zhōuwéi	명 주위
跨越	kuàyuè	동 (경계 등을) 뛰어넘다
寓意	yùyì	명 함축된 의미
驻	zhù	동 머무르다, 설치하다
着落	zhuóluò	명 행방, 귀결점
投稿	tóugǎo	동 투고하다

새로운 낱말

化妆	huàzhuāng	명/동 메이크업 / 화장하다
摄像	shèxiàng	명/동 (웨딩)촬영 / 촬영하다
蜜月旅行	mìyuèlǚxíng	명 신혼여행
煞费苦心	shàfèikǔxīn	성 심혈을 기울이다
曲折坎坷	qūzhékǎnkě	구 다사다난하다
一五一十	yīwǔyīshí	성 하나도 빠짐없이
扎根	zhāgēn	동 뿌리를 내리다
添油加醋	tiānyóujiācù	구 덧붙어 과장하다
流露	liúlù	동 은연중에 드러내다
评委	píngwěi	명 심사위원회(评审委员会의 약칭)
排场	páichǎng	명 겉치레
大操大办	dàcāodàbàn	구 (행사 등을) 호화롭게 치르다
莫过于	mòguòyú	동 ~보다 못한 것은 없다

俗语와 短语

一个头，两个大	yígètóuliǎnggèdà	해결책이 없어서 골치가 아프다.
心有灵犀一点通	xīnyǒulíngxīyìdiǎntōng	마음이 통하다, 이심전심이다.

출처: (당)이상은, 무제시(唐·李商隐≪无题诗≫)

"身无彩凤双飞翼, 心有灵犀一点通。"

(우리에게는 봉황과 같은 날개는 없지만, 마음은 영서와 같이 통하네.)

挖个地洞钻进去	wāgèdìdòngzuānjìnqù	쥐구멍에라도 숨고 싶은 심정이다.
天上掉馅饼	tiānshàngdiàoxiànbǐng	떡이 하늘에서 떨어지다. 호박이 넝쿨째 굴러 들어오다.
一条龙服务	yìtiáolóngfúwù	원스톱 서비스.

주요표현과 문법 1

1. 양보 표현: 접속사 "即使"

"即使"는 접속사로서 '양보'를 나타내는 복문에서 주로 쓰인다. "即使"는 복문에서 앞문장의 첫머리 혹은 술어 앞에 놓여, 현재에는 발생하지 않은 혹은 발생할 가능성이 없는 극단적인 상황의 '양보적 조건'을 나타내며, 뒷문장은 부사 "也", "还", "总" 등을 수반하여, 앞문장에 제시된 조건이 성립하더라도 발생하거나 이루어지는 내용을 나타낸다.

即使不选择买，**也**会有很多人选择租房。

即使再累再苦，你**也**要坚持下去。

即使你成功了，**也**不能骄傲。

即使你什么都不说，作为好友，我**也**都明白。

2. 관용 표현: 성어(成语)

'성어(成语)'는 중국어 어휘 중에서 정형화된 '구(词组 혹은 短语)'를 가리킨다. 성어에는 중국 전통 문화적 요소가 농후하고, 고정된 구조 및 표현 방식이 있으며, 특수한 의미가 포함되어 있다. 성어는 일반적으로는 예로부터 내려온 표현이기 때문에, 현대 중국어와는 '어휘의 사용'방면에서 다른 모습을 보이기도 하고, 어떠한 이야기 혹은 전고를 담고 있는 경우도 있다. 현대 중국어에서 성어는 3글자에서 16글자로 이루어져 있는데, 그중에서 '사자성어(四字成语)'가 가장 대표적이다.

我们应该和两边父母一起坐下来，**开诚布公**地谈一谈。

初来乍到，以后有什么不懂的地方，还得请周科长多多指教。

不过朋友之间就不用这些**繁文缛节**了。

如果还这样下去的话真是**得不偿失**啊。

본문 ①

李　俊：最近够你们忙的吧？婚礼的准备工作做得怎么样了？

吴小莹：唉！现在是一个头，两个大啊。什么头绪都没有。你来得正好，快来给我们出出主意。

姜韩斌：就是，就是。中韩两国虽然在婚礼的习俗上有很大差异，但对婚礼的重视程度都是一样的。为了让两边的长辈们都满意，我们做晚辈的夹在中间好为难啊！

李　俊：这么快就有中韩文化冲突啦？这可不是什么好兆头啊！快给我说说，看看我能不能帮上忙。

姜韩斌：首当其冲的就是婚房问题了。在韩国，婚房问题也很重要，但是有很多种选择方式。即使不选择买，也会有很多人选择租房。而且租也分为全租和月租，或是部分押金+少量月租的方式。可是在中国，大家好像都不太能接受租房的概念，那就只有买房这一条路了。

李　俊：是不是未来的岳父岳母大人逼你们买房逼得很紧啊？

姜韩斌：逼倒谈不上，只是小莹的父母会时不时地聊起某某家嫁女儿，男方家准备了怎么样的新房什么的……听完这些话，心里总是不好过。

吴小莹：是啊，你听着心里不好受，那我呢？压力不是更大吗？每每爸妈聊起这些，我真想挖个地洞钻进去才好。

李　俊：在我看来，中国父母总是把成年子女当成小孩子看待，凡事都要管。相比较而言，韩国父母就要宽松得多，给子女比较大的自主空间。

吴小莹：我觉得，比起一般的中国父母，我爸妈算是比较开明的，但是在目前中国的大环境下，他们也不免会随大流。他们也不是真想让你背债买房，做房奴，只是不想让自己的女儿吃苦受累罢了。

姜韩斌：我又怎么会不理解他们的心思呢！一生一次的婚礼，我也希望能给你最好的一切。

吴小莹：其实我有一个想法，结婚既然是我们两人的事，我们应该和两边父母一起坐下来，开诚布公地谈一谈，把我们的真实想法告诉他们，求得两边大人们的理解。

李　俊：说得是，我完全同意！听说韩斌的父母希望你们也能在韩国办一场婚礼，光在中国办一次婚礼就遇到这么多的问题，更何况还要再办一次呢。

吴小莹：是啊，一想到这些我头皮都发麻了。即使韩国的婚礼没有中国的那么复杂和隆重，我也不想再来一遍了。

姜韩斌：要么办一场中式韩式相结合的婚礼，要么索性就都不办，我们可以像最近很多年轻人一样，旅行结婚怎么样？

李　俊：旅行结婚不错啊，我周围就有好几对新人这么办的。

吴小莹：我也很赞同，我们本身就是跨越中韩两个国家，一场旅行式的婚礼正好印证我们“爱情没有国界”的寓意。

李　俊：你们俩心有灵犀一点通啊，但是前提是要说服两边的家长哦！

주요표현과 문법 2

1. 범위 초과 표현: "何止"

"何止"는 동사로서 '어찌 ~뿐이겠는가, 어찌 ~에 그치겠는가'의 의미를 가지며, 반여문의 형태로 제시된 범위를 초과함을 나타낸다.

何止我要火，我们的婚礼还会由上海电视台全程跟拍，上当天的电视新闻呢！

他对我的爱何止一句话就能说完。

如果你考前认真复习的话，何止考58分。

他这一辈子做过的好事何止这些啊！

2. 과거 확인 표현: "来着"

"来着"는 조사로서 문장 끝에 쓰여서 '~였더라, ~였었지' 등의 의미로 '과거에 어떠했다' 또는 '회상하거나 반문함'을 나타낸다.

听说大奖是什么来着？

你叫什么来着？

你刚才说什么来着？

五十年前在这儿有一座塔来着。

본문 ②

姜韩斌：小莹，快过来，我有一个好消息要告诉你。

吴小莹：怎么了？刚才是谁打来的？看你这么兴奋。

姜韩斌：是韩国政府驻上海领事馆来的电话，我们的婚礼有着落了。所有费用和准备工作都由韩国领事馆全权出面解决。

吴小莹：怎么会有这么好的事情啊？难道天上掉馅饼了吗？我不信。

姜韩斌：你听我慢慢跟你解释。你还记得上次妈妈给我们看过的那份有关“征集中韩恋人真情故事”的报纸摘要吗？

吴小莹：嗯，我记得，上次我妈拿来给咱们看，还让咱们也把自己的故事写下来去投个稿，听说大奖是什么来着？

姜韩斌：大奖是为新人提供一条龙免费婚庆服务，包括拍摄一套新人婚纱影集，提供举行婚礼的场地及布置，当然也包含婚礼当天所需的婚服、化妆和摄像，还有济州岛浪漫蜜月旅行呢。

吴小莹：真的假的啊？我简直不敢相信自己的耳朵。你到底给主办方写了什么内容啊？

姜韩斌：我就把我们从学校上课认识、到我是怎么煞费苦心地追求你、中间又经历了怎么样的曲折坎坷、到现在我跟随你的脚步来到上海扎根，一五一十地写了下来。

吴小莹：哈哈，是啊，你中间一定添油加醋了吧？

姜韩斌：哪有啊？绝对是我的真情流露感动了评委们，才会最终选中我们的，刚才负责人在电话里说，我写的内容还会被引用上报呢。

吴小莹：那你岂不是要火啦？

姜韩斌：何止我要火，我们的婚礼还会由上海电视台全程跟拍，上当天的电视新闻呢，你也要成为公众人物啦。

吴小莹：哈哈哈，事情搞大啦。

姜韩斌：就是啊，本来我们还在商量着不搞中国式的大排场，即使要办，也要把婚礼办成最小化，能省的一律都省去呢。现在好了，完全变成大操大办了。

吴小莹：不过，我想最开心的莫过于两边的四位家长了，要是让他们知道，别提有多高兴呢。

姜韩斌：是啊，给你一场特别的婚礼一直都是我的一大心愿，虽说旅行结婚的方式也很有意义，但是现在能得到这么好的机会，真是可遇而不可求。婚礼很多人都办，但是办成咱们这样上报纸、上电视的可不多见啊。

吴小莹：是啊，是啊，我就知道，你最有本事了。我后半生的幸福就指望你了。

姜韩斌：那还用说，我们还那么年轻，一切皆有可能。

중국문화

현대 중국의 결혼

중국도 서양 문물을 받아들이면서 혼례 문화가 크게 변화하였다. 1949년에 중화인민공화국이 세워진 후에는 혼인법을 제정하여 혼인 성립에 필요한 요건을 정하고, 혼인과 관련한 등록 제도를 시행하였다. 그리하여 현대 중국의 결혼은 크게 '혼인 신고'와 '결혼식'의 두 부분으로 나뉘게 된다.

1 혼인 신고(结婚登记)

현대 중국에서, 결혼은 '혼인 신고'로 시작되는데, 이는 '중화인민공화국 혼인법(中华人民共和国 婚姻法)'에 의거하여 법적인 요건을 갖춘 남녀(남자는 22세, 여자는 20세 이상의 미혼남녀)가 관할 관공서(人民政府)에 혼인신고를 하는 것을 지칭한다. '혼인 신고'는 '신청', '심사', '결혼증(结婚证) 발급'의 단계를 거치게 되며, 다음과 같은 경우에는 혼인을 불허한다.

1) 법정연령에 미달하거나, 비자발적인 혼인인 경우.
2) 기혼자인 경우(이혼하여 다시 독신이 된 자는 제외)
3) 근친혼의 경우(직계가족 및 3대(代) 이하의 방계 가족)

2 결혼식

결혼식을 올리기 전에 혼인 날짜를 정하게 되는데, 현대 중국에서는 양력과 음력이 모두 짝수(4는 제외)인 날을 선호하며, 그중에서도 '8'을 가장 길하게 여긴다. 예식시간은 지역마다 다른데, 베이징(北京)에서는 초혼은 점심 무렵에, 재혼은 저녁 무렵에 식을 행하게 된다. 그런데, 티엔진(天津)은 베이징과 반대로, 초혼은 저녁 무렵에, 재혼은 점심 무렵에 식을 행하게 된다.

예식은 서양식으로 진행하나, 일반적으로 주례는 없다. 축의금은 한국과 달리 짝수로 맞추어 준비하며, 반드시 '붉은색 봉투(红包)'에 넣어서 전달해야 한다. 신랑, 신부 측에서는 하객들에게 대접할 음식 및 주류 외에도 '사탕(喜糖)'과 '담배(喜烟)'를 준비하게 된다. 중국 혼례의 특징으로 '신랑 측 도우미(伴郎)', '신부 측 도우미(伴娘)'가 존재한다는 것인데, 이들은 각각 신랑과 신부를 도와 일을 처리하기도 하고 피로연에서는 신랑과 신부가 마셔야 할 '축하주(喜酒)'를 대신 마셔주는 역할도 한다. 그래서 일반적으로 주량이 센 사람(특히 伴郎)이 도우미를 하는 경우가 많다.

연습문제

☆ 자신의 생각을 말해 보십시오.

01 자신이 결혼을 한다면 신혼집을 어떻게 마련할지에 대하여 이야기 해봅시다. (如果结婚的话，你想如何准备新房?)

02 옆에 앉은 친구와 자신이 생각하는 이상적인 결혼식에 대하여 이야기 해봅시다. (请和你的同桌，聊聊自己将来想要一个怎么样的婚礼。)

03 국제결혼에 대하여 어떻게 생각하십니까? (你对涉外婚姻有什么看法?)

04 현대 한국의 결혼 문화에 대한 자신의 생각을 말해봅시다. (关于现代韩国的结婚文化，请谈谈自己的看法。)

09

早餐风云

아침밥으로 인해 풍운이 발생하다.

학 습 목 표

강조 표현 2	"是~的"
대리 표현	전치사 "替"
부여 표현	"给予"
편승 표현	전치사 "趁"

새로운 낱말

连续剧	liánxùjù	명 연속극
严厉	yánlì	형 호되다, 매섭다
夸大	kuādà	동 과장하다
屋檐	wūyán	명 (건물의) 처마
难免	nánmiǎn	동 피하기 어렵다
矛盾	máodùn	명 모순
冲突	chōngtū	동 (생각 등이) 충돌하다
二老	èrlǎo	명 두 명의 노인, 부모
喜恶	xǐwù	구 호불호
事半功倍	shìbàngōngbèi	성 적은 노력으로 많은 성과를 내다
敷衍	fūyǎn	동 자세히 설명하다
睡懒觉	shuìlǎnjiào	구 늦잠을 자다
装样子	zhuāngyàngzi	동 허세를 부리다
体验	tǐyàn	동 체험하다
菜肴	càiyáo	명 (주로 육류, 어패류) 요리
地暖	dìnuǎn	명 보일러
赤脚	chìjiǎo	명 맨발
失策	shīcè	동 실책하다, 오판하다
风土人情	fēngtǔrénqíng	명 어떤 지역의 풍토와 인심
隔阂	géhé	명 (추상적인) 틈, 간격

새로운 낱말

缺少	quēshǎo	형 부족하다
拘束	jūshù	명/동 구속 / 구속하다
感慨	gǎnkǎi	동 감격하다
四大金刚	sìdàjīngāng	명 사천왕
大饼	dàbǐng	명 밀가루 반죽으로 구운 일종의 빵
油条	yóutiáo	명 요우티아오
豆浆	dòujiāng	명 우지앙(두유와 유사한 음료)
粢饭	cīfàn	방 일종의 주먹밥
来日方长	láirìfāngcháng	성 앞으로 기회가 많다

俗语와 短语

有两下子	yǒuliǎngxiàzi	실력 혹은 솜씨가 뛰어나다.
翘起大拇指	qiàoqǐdàmǔzhǐ	어떤 의견에 찬성하다, 어떤 사람을 칭찬하다.
心头好	xīntóuhǎo	마음속으로 좋아하다, 마음에 담아두다.
美其名曰	měiqímíngyuē	그럴 듯하게 이름이나 명분을 붙이다.

출처: 루쉰, 등야선생(鲁迅≪藤野先生≫)
"美其名曰'龙舌兰'。"
("용설란"이라고 그럴 듯하게 이름을 지었다.)

주요표현과 문법 1

1. 강조 표현 2: "是~的"

"是~的"는 기본적으로는 이미 발생한 동작의 다양한 의미에 대하여 강조하는 구문이다. 그런데, 행위를 받는 대상이 "是~的" 구문의 주어가 되고 행위자와 동작이 是과 的의 사이에 들어갈 경우에는, 이러한 구문은 간접적으로 '피동'의 의미를 나타낸다.

(행위를 받는 대상) + 是 + (행위자) + 동사술어 + 的

早餐是必吃的。

这桌菜是我妈妈做的。

房间是服务员打扫的。

到了北京，长城是必须要去的。

2. 대리 표현: 전치사 "替"

"替"는 전치사로서 '~을 위하여, ~대신하여'를 의미하며, "替"의 목적어는 '행위의 대상'을 나타낸다.

他们听说你爸妈要来上海和我们住上一段时间，都在替我捏一把冷汗呢！

替我向张老师问好。

能替我拿一下包吗？

你替我给她打个电话，让她放心。

본문 ①

(新婚后的某个周末上午)

姜韩彬：快起来，都几点了？还在睡！

吴小莹：今天周末啊，难得休息，让我再睡一会儿吧。

姜韩彬：过两天我父母就要来了，我们得提前准备一下啊。

吴小莹：我周围很多朋友经常看韩国连续剧，韩剧里的婆婆们都是特别厉害、特别严厉的那种，所以他们听说你爸妈要来上海和我们住上一段时间，都替我捏一把冷汗呢！

姜韩彬：那只是电视剧而已，为了剧情的需要，免不了有夸大的成分。当然啦，和长辈同住一个屋檐下，难免会有这样或那样的不方便。所以现在很多小辈们婚后大多离开父母，自己单过。

吴小莹：婆媳关系应该是全世界的共同话题吧，在哪里都会有，就算是同一个国家，同一个地区的人之间也会因为婆媳这层关系而产生矛盾和冲突，更何况还是有着不同文化背景的两国人、两代人呢！

姜韩彬：我爸妈你也见过这么多次了，你应该很了解他们了，他们很好相处的，并不会对你有什么过分的要求，而且他们也不是和我们常住，二老在上海的这段时间里就要有劳我亲爱的老婆大人了。

吴小莹：先别顾着说好话，快点给我透露一下公公婆婆有些什么生活习惯和个人喜恶，我也好做足功课，做到事半功倍啊。

姜韩彬：我在家的时候，他们早餐是必吃的。就算是周末，我妈一做好早饭，就会叫醒大家，一家人围坐在一起吃早饭，吃完了再睡也没关系，但是必须先起来吃早饭！

吴小莹：啊？我在韩国留学那么长时间，早就没有吃早饭的习惯了。那么你家的早饭都吃些什么呀？

姜韩彬：就是米饭啊，哈哈哈，因为传统的韩国人都认为"早上要吃得饱"，所以早餐不能用简单的面包什么的敷衍了事，而是要有饭、有菜、有汤，妈妈都会准备得很丰盛的。

吴小莹：婆婆每天是不是都要很早就起床，连周末都不睡懒觉啊？我完了，公公婆婆在家的这段日子里，美好的美容觉就这样没有了。呜呜呜……

姜韩彬：你一开始当然也要起来装装样子啦，或者问问我妈有什么需要帮忙的。如果她说不用你帮忙，你就在旁边看看学习一下嘛。你不是一直说想学韩国料理吗？做韩国料理我妈还是有两下子的。

吴小莹：学是想学，就是每天要这么早起来，我对自己可没有信心啊。

姜韩彬：那我们可以利用双休日，带着爸妈去外面体验一下南方人的早茶文化，或者去餐厅，再或者到路边买着吃也可以。既然来到了中国，当然也要让他们感受一下不同国家的文化习俗。

吴小莹：嗯，这倒不错，就是不知道中国菜合不合他们的口味了，上海的地方菜肴普遍偏甜。希望他们能喜欢！

주요표현과 문법 2

1. 부여 표현: "给予"

"给予"는 동사로서 '주다, 부여하다'를 의미하며, 문어체에 주로 쓰인다. "给予"의 발음은 '[jǐ yǔ]'와 '[gěiyǔ]'두 가지가 있는데, 주로 전자로 발음된다.

克服文化差异的最好方法就是彼此尊重，给予对方更多的包容。

对于知错能改的学生，校方将不再给予处分。

对那些制假的商家，应该给予重罚。

父母给予了我们最无私的爱。

2. 편승 표현: 전치사 "趁"

"趁"는 전치사로서 '~을 틈타, ~을 이용하여'를 의미하며, "趁"의 목적어에는 일반적으로 '사건 혹은 기회'를 나타내는 표현이 오게 된다.

趁他们在你们身边的这段日子里，多带他们到处走走逛逛。

你这是趁人之危，太不道德了。

趁他不注意，赶快走。

趁这次去中国留学的机会，好好体验一下中国的风土人情。

본문 ②

李　俊：韩斌的父母都来上海了吧？他们还住得惯吗？

吴小莹：嗯，他们上周就到了，两位老人都觉得上海很不错，就是天气明显比韩国湿冷，虽然上海的气温普遍要比韩国高，但因为家里没有地暖，反而会觉得屋内更冷一些。

李　俊：是啊，我现在特别怀念冬天在韩国的日子，在有地暖的屋子里，赤脚坐在热乎乎的地板上吃冰激凌，真是太幸福了！

吴小莹：是啊，这次婚房装修的时候没有装地暖，真是失策啊！

李　俊：现在和公婆住在一起怎么样啊？生活习惯和作息时间上都习惯吗？

吴小莹：我在韩国呆了那么多年，对韩国的风土人情也比较了解了，更何况，我的公公婆婆人都特别和善，所以我们之间相处起来一点隔阂也没有。

李　俊：那就好！但是你最近看起来怎么这么疲惫呢？身体不舒服吗？

吴小莹：我最近严重缺少睡眠，晚上本来就睡得晚，现在早上很早就要起来。

李　俊：干嘛这么早起？哦~我知道了，你是不是一早起来给你公婆准备早餐啊？就像韩剧里演的那样。

吴小莹：准备倒不是我准备，我婆婆很能干，她一人都承包了，但是她一早就起来，我也不好意思再窝在被子里睡下去啦。

李　俊：真是个懂事的好媳妇啊！对韩国人来说，这不过是最基本的礼节而已，但对中国长辈来说，这可是该翘起大拇指称赞的啊。

吴小莹：哈哈，是啊，这就是文化差异吧。相对于中国，韩国还保留着大量的儒家传统礼节。很多时候，虽然会觉得很拘束，但反过来又会很感慨，正因为这样的文化礼仪才造就了今天韩国有序的社会文明啊。

李　俊：你说得很对，所以克服文化差异的最好方法就是彼此尊重，给予对方更多的包容。

吴小莹：是啊，我婆婆每次见我也跟着她一块儿起床，就叫我再回房间多睡一会儿。知道我早上不习惯吃韩式早饭，就另外帮我准备简单的面包加牛奶。

李　俊：你们给二老品尝过中国式的早餐吗？像上海早饭中的"四大金刚"—大饼、油条、豆浆、粢饭，那可都是上海人的心头好啊。

吴小莹：来日方长，有的是时间，他们这次要和我们住上几个月呢，每个上海的经典点心都不能错过。虽然他们未必都会喜欢，但是多尝尝还是有必要的。

李　俊：趁他们在你们身边的这段日子里，多带他们到处走走逛逛。父母在身边，你和韩彬都要费心啊。

吴小莹：韩彬他费什么心啊，他开心死了，现在在家里连个碗都不用洗了，还美其名曰让我能好好在公公婆婆面前表现一下。我正在想等他爸妈回韩国后，是不是也该接我爸妈过来住住，让他有机会表现表现呢？

중국문화

중국의 아침식사

중국에는 '아침은 황제와 같이 먹고, 점심은 평민과 같이 먹으며, 저녁은 거지와 같이 먹어라'라는 말이 있는데, 여기에서 중국인들도 아침식사를 매우 중요시 한다는 것을 알 수 있다. 현대 중국인들은 아침을 주로 밖에서 사먹으며, 메뉴는 여러 가지가 있지만 주로 "油条(요우티아오)"와 "豆浆(도우지앙)"를 많이 먹는다.

1 油条(요우티아오)

"油条"는 중국의 전통적인 아침식사 중 하나로, 2줄의 기다란 밀가루 반죽을 꼬아 튀긴 음식이다. 《宋史》에 따르면, 진회(秦桧)가 악비(岳飞)를 모함하여 죽였는데, 백성들이 이와 비슷한 음식(油炸桧)을 만들어 분노를 풀었다고 한다. 이러한 밀가루 튀김의 기원은 송나라를 거쳐 당나라 이전까지 거슬러 올라가지만, 구체적인 시기는 현재 고증이 불가능하다.
"油条"는 지역에 따라 여러 가지 명칭으로 불리는데, 티엔진(天津)에서는 "果子", 안후이(安徽) 일대에서는 "油果子", 동북(东北) 지역에서는 "大果子", 광저우(广州) 및 주변지역에서는 "油炸鬼", 차오샨(潮汕) 일대에서는 "油炸果", 저장(浙江) 지역에서는 "天罗筋"이라 불린다.

2 豆浆(도우지앙)

"豆浆"은 중국 사람들이 가장 좋아하는 음료 중 하나이고, 남녀노소 모두에게 알맞은 건강식품이며, 서양에서는 "plant milk(植物奶)"로 불리고 있다. "豆浆"에는 식물성 단백질, 인지질, 비타민 B군, 철, 칼슘 등이 함유되어 있다.
"豆浆"은 사시사철 음용이 가능한데, 봄철에는 수분을 보충해주고, 여름철에는 열을 내려주며, 겨울철에는 한기를 가시게 하고 위를 따뜻하게 해준다고 한다. "豆浆"은 원래 '대두(黄豆)'로 만들지만, 요즘에는 검은콩, 녹두 등으로도 만들기도 한다.
"豆浆"의 역사는 서한시대까지 거슬러 올라간다. 서한의 회남왕, "刘安"은 병이 든 어머니를 위하여 매일 대두로 만든 "豆浆"을 만들어 먹었고, 어머니가 병이 나았다고 한다. 이후에 "豆浆"이 민간으로 퍼졌다고 전해진다.

연습문제

☆ 자신의 생각을 말해 보십시오.

01 한국과 중국의 아침식사 문화의 같은 점과 다른 점에 대하여 말해 봅시다. (请谈谈中韩两国早餐文化上的异同点。)

02 한국의 대표적인 야식은 무엇이 있습니까? 중국친구가 있다면, 무엇을 추천해주고 싶습니까? (韩国有哪些代表性的夜宵？如果你有中国朋友的话，你最想推荐他或她吃什么夜宵？)

03 평소에 아침을 드십니까? 드신다면, 한식이 좋습니까, 아니면 양식이 좋습니까? 만약 드시지 않는다면, 이유는 무엇입니까? (你平时吃早餐吗? 如果吃，喜欢韩餐还是西餐? 如果不吃，理由是什么?)

04 중국의 4대 요리(四大菜系)에 대하여 간단히 말해보십시오. (请谈谈中国的四大菜系。)

10

一机在手，万事不愁

휴대전화만 있으면, 걱정할 필요가 없어요.

학 습 목 표

동일한 임의 대상 표현	"(의문대명사)~(의문대명사)~"
강조 표현 3	"别提"
행운 표현 1	"还好"
행운 표현 2	"多亏"

새로운 낱말

新婚燕尔 xīnhūnyàn'ěr 구 신혼생활

黄金周 huángjīnzhōu 명 황금연휴(춘절, 노동절, 국경절 연휴)

国庆 guóqìng 명 국경절(10월 1일)

人山人海 rénshānrénhǎi 성 인산인해

杭州 Hángzhōu 고유 항저우

越南 Yuènán 고유 베트남

观念 guānniàn 명 관념

健身房 jiànshēnfáng 명 헬스클럽

成家立业 chéngjiālìyè 성 가정을 이루어 자립하다

晚年 wǎnnián 명 노년

退休 tuìxiū 동 퇴직하다

羡慕 xiànmù 동 부러워하다

全职主妇 quánzhízhǔfù 명 전업주부

减轻 jiǎnqīng 동 경감하다, 줄이다

天伦之乐 tiānlúnzhīlè 명 가족이 누리는 단란함

田园生活 tiányuánshēnghuó 명 전원생활

颐养天年 yíyǎngtiānnián 성 몸과 마음을 다스려 천수를 누리다

农家乐 nóngjiālè 구 농촌 생활의 낙

智能手机 zhìnéngshǒujī 명 스마트폰

帮手 bāngshǒu 명/동 도우미 / 거들다

佩服 pèifú 동 감탄하다, 탄복하다

郊外 jiāowài 명 교외

喧嚣 xuānxiāo 동/형 시끄럽게 굴다 / 시끄럽다

钓鱼 diàoyú 동 낚시하다

心痒痒 xīnyǎngyang 구 뭔가를 하고 싶으나, 충족하지 못함

去哪儿 Qùnǎr 고유 취나알(여행포털)

往返 wǎngfǎn 동 왕복하다

河内 Hénèi 고유 하노이

头等舱 tóuděngcāng 명 (비행기) 일등석

새로운 낱말

经济舱	jīngjìcāng	명 (비행기) 일반석
孝顺	xiàoshùn	동/형 효도하다 / 효성스럽다
包邮	bāoyóu	구 배송비 포함
淘汰	táotài	동 도태되다, 가려내다
出局	chūjú	동 탈락하다
假货	jiǎhuò	명 모조품, 위조품
穿越	chuānyuè	동 (산 등을) 넘다
万事不愁	wànshìbùchóu	동 어떤 일도 걱정되지 않는다
糟糕	zāogāo	형 엉망이다
电信诈骗	diànxìnzhàpiàn	명 보이스 피싱
猝死	cùsǐ	동 급사하다
可疑	kěyí	형 의심스럽다
删掉	shāndiào	동 삭제하다
自助餐	zìzhùcān	명 뷔페
绰绰有余	chuòchuòyǒuyú	성 매우 여유가 있다
惬意	qièyì	형 만족하다, 흡족하다

俗语와 短语

采菊东篱下, 悠然见南山	cǎijúdōnglíxià, yōuránjiànnánshān	동쪽 울 밑에서 국화를 꺾고, 멀리 남산을 바라본다. (번잡한 세상사를 피해 은거한 은자의 심정을 표현)

출처: 도연명, 음주 · 다섯 번째(陶渊明≪饮酒 · 其五≫)
"结庐在人境, 而无车马喧。问君何能尔, 心远地自偏。采菊东篱下, 悠然见南山。
山气日夕佳, 飞鸟相与还。此中有真意, 欲辨已忘言。"

心灵鸡汤	xīnlíngjītāng	온정이나 지혜가 담긴 말이나 문구.
只想买对的, 不想买贵的	zhǐxiǎngmǎiduìde, bùxiǎngmǎiguìde	옳은 것만 사고, 비싼 것을 사지 않는다.

출처: "只买需要的, 不买想要的; 只买对的, 不买贵的。"
(필요한 것만 사고, 원하는 것을 사지 않으며; 옳은 것만 사고, 비싼 것을 사지 않는다.)

月光族	yuèguāngzú	한 달 월급을 모두 써버리는 소비계층.

주요표현과 문법 1

1. 동일한 임의 대상 표현

평서문에서 '의문대명사'가 출현하면, 임의의 어떠한 것을 가리키는 기능을 한다. 만약 복문에서 동일한 의문대명사가 반복적으로 쓰이게 되면, 전후의 절이 호응을 하여 '동일한 어떠한 것'을 가리키게 된다. 이때, 의문대명사가 동일한 문장성분일 수도 있고, 다른 문장성분일 수도 있다.

(의문대명사)~, (의문대명사)~

怎么开心**怎么**玩儿！

今天家里有**什么**咱们就吃**什么**吧。

下次旅游你来定地方吧，你说去**哪儿**就去**哪儿**。

网上的东西真多，要**什么**有**什么**。

2. 강조 표현 3: "别提"

"**别提**"는 부사로서 '말할 것도 없이'의 의미를 나타내며, 상태를 나타내는 술어를 수식하여 그 정도를 강조한다.

他们就和邻居们一块儿搞了个"农家乐"，现在**别提**有多热闹了。

他在中国住了二十年，汉语**别提**有多好了。

济州岛的风景**别提**有多美了。

他考上大学后**别提**有多开心了。

본문 ①

赵　宁：韩彬，这次国庆小长假你打算怎么过？你和小莹新婚燕尔，想做的事情一定很多吧。

姜韩彬：我爸妈刚来上海没多久，平时小莹和我都忙着上班，没能好好陪他们，这次黄金周打算带着丈人、丈母娘，还有我爸妈，一起出去玩玩。

李　明：旅游好是好，就是国庆人太多，去哪儿都是人山人海，风景看不到，只能看人头。去年国庆我带着老婆孩子开车去杭州，没想到在路上堵了一天一夜，打那之后，我再也不敢在小长假出门旅游了。

姜韩彬：嗯，小莹也跟我说过，所以我俩和爸妈商量了一下，这次不在国内玩儿，想一家人飞到越南玩一趟。

赵　宁：境外游是个不错的选择！我们父母那一辈，以前总想着多工作、多赚钱、多存钱，统统留给儿女，很少想过为自己而活，现在我们有空了得多带他们出去玩玩。

李　明：没错，不过这几年老人们的观念改变了不少，就说我爸我妈吧，年轻的时候因为工作而放弃的兴趣爱好，退休之后又重拾了起来。我妈在老年大学报了个国画班，我爸呢，一有空就跑健身房。

张　华：中国做父母的以前什么都为儿女操心、为儿女着想，现在儿女们长大了，成家立业了，父母们也该享受一下自己的晚年了。

姜韩彬：听说中国的父母们退休后都会替自己的儿女带小孩，韩国的年轻人可羡慕了。韩国的父母们退休后几乎都有自己的休闲生活，很少主动帮着带孩子。

赵　宁：中国双职工家庭很多，女人结婚后也很少有在家做全职主妇的，父母们心疼自己的儿女又要上班又要照顾小孩，就主动帮着带孙子(外孙)、孙女(外孙女)，减轻儿女的负担。

张　华：韩彬，你不知道吧，在中国的父母看来，这就是最大的天伦之乐。

李　明：不过现在中国的父母们也想开了，辛苦了一辈子，也应该为自己活活了，所以帮着带孙子的爷爷奶奶们也慢慢变少了。

姜韩彬：韩国的妈妈们很久之前就不帮儿女带小孩了，有的父母退休后还特地在农村买块儿地，种种粮食和蔬菜、养养鸡，过一把“采菊东篱下，悠然见南山”的田园生活。

赵　宁：我父母前两年搬回老家了，他们说大城市的空气越来越不好，要回老家颐养天年。老家有几块地，他们就和邻居们一块儿搞了个“农家乐”，现在别提有多热闹了。

张　华：我老丈人、丈母娘最近迷上了微信朋友圈，一有空就在上面发心灵鸡汤、养生大全，玩儿得比我还溜呢。

姜韩彬：哈，我家情况也差不多。自从给爸妈买了新的智能手机后，他们别提有多开心了。这次我们去越南玩儿的行程，都是老两口安排的，五天四夜游玩的路线，哪儿的宾馆条件好，哪儿的夜市场有名，他们全都打听好了。

张　华：韩彬，你爸妈在上海住得惯吗？

姜韩彬：刚来的时候语言不通很苦恼，多亏智能手机里有翻译功能，我岳父岳母就常常拿着翻译软件找我爸妈聊天儿，有了这个帮手后，我妈慢慢学会了一点儿中文，现在都能一个人去家附近的菜市场买菜了。

张　华：老太太真厉害！要是现在把我一个人扔在外国，我估计连门都不敢出呢。佩服佩服！

赵　宁：国庆长假后，咱们约个时间，带上各自的父母一起去趟郊外的“农家乐”吧。

李　明：好啊，远离都市的喧嚣，去郊外呼吸呼吸新鲜空气、钓钓鱼、摘摘水果、品尝品尝农家饭，怎么开心怎么玩儿！

张　华：行啊！今天回家就跟我们家那口子商量商量，定个时间。

姜韩彬：听你们这么一说，我也心痒痒了，过完国庆，咱们一定约个时间好好聚一聚。

赵　宁：没问题，就这么说定了，到时候我来安排。

주요표현과 문법 2

1. 행운 표현 1: "还好~"

"还好~"는 '다행히도, 운좋게도'의 의미를 나타내며, 이 경우에는 주로 삽입어로 쓰인다.

从上海飞河内大概3个半小时吧，还好时间不太长，爸妈也不会太辛苦。

还好你提醒我，不然我早就忘了。

还好现在他已经想通了，不会再做那些傻事了。

还好我提前预约了，不然肯定轮不到我们了。

2. 행운 표현 2: "多亏"

"多亏"는 '~의 덕택에'의 의미를 나타내는데, "不然，要不" 혹은 "才"와 호응하는 경우가 많다. 전자의 경우에는 '현재와 반대로 일어났을 일'이 서술되며, 후자의 경우에는 '현재의 상황'이 서술된다.

多亏~, 不然/要不~

多亏~, 才~

这次多亏爸妈帮忙，我们才能找到这么好的酒店。

多亏老李送我们来机场，要不然肯定赶不上飞机。

多亏你帮我，我才找到了钱包。

多亏你每天帮我复习，不然这次考试我又要不及格了。

본문 ②

姜韩彬：老婆大人！我回来了。机票都订好了吗？

吴小莹：嗯，我在“去哪儿网”订了六张往返机票，下周三下午三点五十上海飞河内，周日上午十点十分回上海。

姜韩彬：从上海飞河内大概3个半小时吧，还好时间不太长，爸妈也不会太辛苦。

吴小莹：我怕老人家不舒服，这次买了四张头等舱给爸妈坐，咱俩就坐经济舱。

姜韩彬：当初就是看你这么孝顺才娶回家的，我果然没看错人。谢谢老婆大人！

吴小莹：谢什么啊，反正刷的也是你的卡。

姜韩彬：再赚就行了呗，咱们一大家子难得出去玩玩嘛。对了，这次出去有没有什么想买的？有的话告诉我。

吴小莹：嗯，不打算买什么名牌了，现在我只想买对的，不买贵的，不然一不小心又要变成“月光族”了。

姜韩彬：哇，我家小莹什么时候变得这么懂事啦？以前是“负翁”，以后恐怕真会变成富翁啰。

吴小莹：现在电商服务那么好，按几下鼠标就送货上门，淘宝、天猫上面要什么有什么，而且江浙沪全部包邮，再也不用挤时间去百货店了。

姜韩彬：是啊，来中国工作后我深刻感受到互联网正在改变中国年轻人的消费观念，许多传统销售行业和贸易公司都在寻求出路呢，不顺应时代潮流的话早晚会被淘汰出局的。

吴小莹：网上购物确实很方便，可以随时随地挑选我喜欢的东西，不过有时候也怕买到假货。

姜韩彬：说到假货，前段时间淘宝上面闹得确实挺厉害的，不过现在互联网消费也越来越规范了，相信过不了多久就能放心购物了。

吴小莹：我还记得刚回上海那会儿，身边的亲戚朋友们出门打车用滴滴，订餐购物全用手机，我反倒像个穿越而来的古代人，对他们聊的、玩的、用的一窍不通，现在想想就好笑。

姜韩彬：中国这方面太强了，大家“一机在手，万事不愁”啊。微信支付也超级方便。

吴小莹：嗯嗯，不过个人信息都在手机里头，要是手机丢了就糟糕了。最近电信诈骗也升级了，前不久新闻里说有个大学生被骗光了学费，结果突发心脏病猝死了，好可怜。

姜韩彬：所以啊，什么东西都是有利有弊，要是见到可疑的短信或邮件，可千万别点开，立马删掉。

吴小莹：放心吧，对付骗子我的智商绰绰有余。对了，宾馆我爸妈已经在网上订好了，你要不要看看。

姜韩彬：行，你把链接发给我。哇，这儿好像挺不错的，用户评分五颗星哪。

吴小莹：对啊，我爸说这是他微信好友们大力推荐的。听说不仅会安排车辆接机送机，而且酒店的自助餐也超好吃，旁边的海景高尔夫球场也不错，晚上还能坐在海边的沙滩上看星星。

姜韩彬：听着就好惬意。这次多亏了爸妈帮忙，我们才能找到这么好的酒店，没想到现在他们手机玩得比年轻人还厉害。

吴小莹：就是嘛，上次凌晨两点睡不着发了张照片，结果老妈一大早就在下面评论说："年轻人要早睡早起，不要熬夜"，吓得我后来再也不敢随便在朋友圈发东西了。

姜韩彬：哈哈，这次去越南咱们得替爸妈们多拍点照片，好让他们发到朋友圈里。

吴小莹：对对，对爸妈来说，能有一堆美照的话，这次旅行就更完美了。时间不早了，赶紧去打包吧。

중국문화

1 大锅饭

"大锅饭"은 분배방면에 존재하는 '평균주의 현상'에 대한 비유이다. '합작사(合作社)'시절에는 농촌의 양식이 세대마다 분배되었는데, '대약진(大跃进)'운동이 일어나고 '인민공사(人民公司)'가 출현함에 따라 양식의 분배를 회사 및 생산조직이 관장하게 되었다. 이때 "食堂", "大锅饭"등의 개념이 출현하였는데, 이는 '농촌의 양식이 매가구마다 분배(口粮分配到一家一户小锅做饭的)'되는 것과 상대되는 개념이며, "大锅饭"은 다음의 두 가지 측면을 포함한다.

1) 기업이 국가의 "大锅饭"에 의지함: 기업이 경영상태와 관계없이 계획된 대로 자금을 지원함으로 인하여, 기업에 지원된 자금의 총액과 경영효과가 불일치하는 현상이 출현하였다.
2) 직원이 기업의 "大锅饭"에 의지함: 기업 내부에서 노동자에게 일의 성과 등과는 관계없이 임금을 지급하였다.

그렇지만 "大锅饭"의 폐단이 심각해짐에 따라, "打破大锅饭"운동이 발생하였으며 결국은 폐기되기에 이른다.

2 개혁개방(改革开放)

'개혁개방(改革开放)'이란, 1978년 12월에 개최된 '중국공산당 제11회 중앙위원회 제3차 전체회의(中国共产党第十一届中央委员会第三次全体会议)'에서 시작된 중국의 대내개혁 및 대외개방 정책을 가리킨다.

'대내개혁'은 농촌에서 먼저 시작이 되었는데, 1978년 11월에 안후이성 펑양현 샤오강촌(安徽省凤阳县小岗村)에서 '전답을 세대에 분배하고, 책임을 스스로 지게 한다(分田到户, 自负盈亏)'을 골자로 하는 "家庭联产承包责任制"를 시행한 것이 서막이었다. 그리고 1979년 7월 15일에 중국정부는 광둥성(广东省)과 푸지엔성(福建省)을 개방함으로써 '대외개방'이 본격적으로 시작되었고, 이러한 '대외개방'은 중국의 기본정책이 되었다. 1992년은 중국 개혁개방 정책의 전환점이 되는데, 이 해 10월에 개최된 중국공산당 제14차 전국대표회의(中国共产党第十四次全国代表会议)에서 '사회주의 시장경제 체제 수립(建立社会主义市场经济体制)'을 중국공산당의 목표로 삼게 된다.

중국이 개혁개방 정책을 실시한 이후에 중국은 비약적으로 성장하였다. 특히 1990년에서 2010년 사이에 중국은 매년 평균 10%의 고도성장을 이루었으며, 국내총생산과 개인생산량은 10배 이상 증가하였고, 그 결과 2010년 중국은 일본을 제치고 세계 제2위의 경제력을 갖추었다. 그리고 대내적으로는 시장경제 체제를 적극적으로 받아들임으로써 중국인들의 생활양식에도 큰 변화를 가져오게 되었다.

연습문제

☆ 자신의 생각을 말해 보십시오.

01 한국의 부모님들은 퇴직 후에 일반적으로 무엇을 하십니까? 중국의 부모님들과는 어떤 점이 다릅니까? (韩国父母们退休后主要做什么？和中国的父母们有什么不同?)

02 방학에 친구들과 해외여행을 가려 합니다. 함께 여행 계획을 세워봅시다. (放假后你打算和朋友一起去国外旅行，一起聊聊旅行计划吧。)

03 가족들과 함께 가고 싶은 여행지가 있습니까? 그 이유는 무엇입니까? (有没有你想跟家人一起去旅游的地方? 为什么?)

04 IT기술이 한국인의 소비생활에 영향을 끼쳤다고 생각하십니까? 자신의 생각을 말해봅시다. (你认为IT技术有没有影响到韩国人的消费生活? 请谈谈自己的想法。)

11

上海深秋,雾锁摩天楼

상하이의 가을은 깊었는데, 스모그가 마천루를 휘감았네.

학습목표

목적 표현 2	“为/为了”
원인 결과 표현	“害得”
강조 부정 표현	“别说A了，就连B也/都/还”
동의 표현	“谁说不是呢?”

새로운 낱말

瞪	dèng	동 눈을 (크게) 뜨다
千帆	qiānfān	구 수많은 배
驶	shǐ	동 조종하다, 빨리 달리다
海鸥	hǎi'ōu	명 바다 갈매기
思乡病	sīxiāngbìng	명 향수병
仙境	xiānjìng	명 선경
胡说八道	húshuōbādào	성 말도 안 되는 소리를 하다
淹没	yānmò	동 잠기다, 파묻히다
雾霾	wùmái	명 스모그
大惊小怪	dàjīngxiǎoguài	성 작은 일에 크게 놀라다
伦敦	Lúndūn	고유 런던
能见度	néngjiàndù	명 가시거리, 시계
排放	páifàng	동 배출하다
皇城根	Huángchénggēn	고유 황궁 성벽의 아랫부분
清新	qīngxīn	형 신선하다, 맑고 깨끗하다
洪水	hóngshuǐ	명 홍수
快捷	kuàijié	형 빠르다, 신속하다
盲人	mángrén	명 맹인
导盲犬	dǎomángquǎn	명 맹도견
气管炎	qìguǎnyán	명 기관염
肺炎	fèiyán	명 폐렴
哮喘	xiàochuǎn	명 천식
鼻炎	bíyán	명 비염

새로운 낱말

诱发	yòufā	동 유발하다
中风	zhòngfēng	명 중풍
消沉	xiāochén	형 기분이 가라앉다
压抑	yāyì	형 답답하다
忧郁症	yōuyùzhèng	명 우울증
抑郁	yìyù	형 우울하다
措施	cuòshī	명 조치, 대책
摩天楼	mótiānlóu	명 마천루
耸立	sǒnglì	동 우뚝 솟다
首付	shǒufù	동 계약금을 치르다
分期付款	fēnqīfùkuǎn	구 분할 지급
天价	tiānjià	명 최고가
紧挨	jǐn'āi	동 바짝 붙어있다
花桥	Huāqiáo	고유 화차오
江苏	Jiāngsū	고유 강소성
美誉	měiyù	명 명예
喝西北风	hēxīběifēng	구 먹을 것이 없다
蜗居	wōjū	명 달팽이집, 매우 좁은 집
工薪阶层	gōngxīnjiēcéng	명 샐러리맨 계층
股市	gǔshì	명 주식시장
存款	cúnkuǎn	명 예금
房地产	fángdìchǎn	명 부동산
贬值	biǎnzhí	동 (화폐 가치가) 평가 절하되다

새로운 낱말

泡沫经济	pàomòjīngjì	명 버블 경제
鬼城	guǐchéng	명 유령도시
明智之举	míngzhìzhījǔ	구 현명한 행동
反腐	fǎnfǔ	동 부패에 반대하다
没收	mòshōu	동 몰수하다
林立	línlì	동 즐비하다
高架桥	gāojiàqiáo	명 고가교
安居乐业	ānjūlèyè	성 안정된 생활을 누리며 즐겁게 일하다

俗语와 短语

敲锣打鼓放鞭炮 qiāoluó、dǎgǔ、fàngbiānpào

1. 어떤 일을 축하하다.
2. 대대적으로 여론을 선동하다.

출처: 모택동, 혁명의 촉진파(毛泽东≪做革命的促进派≫)
"我们取得那么大的胜利, 人家服服贴贴, 敲锣打鼓."
(우리가 그렇게 큰 승리를 거두었으니, 사람들이 감복하고 축하해 주었다.)

주요표현과 문법 1

1. 목적 표현 2: "为~/为了~"

"**为**"와 "**为了**"는 전치사로서 '~를 위하여', 즉 '목적'의 의미를 나타내는 구를 이끌게 되는데, '사람'및 '일'과 관련된 명사상당어구가 전치사의 목적어가 될 수 있다. 주의할 것은 "**以便**" 혹은 "**以免**"이 이끄는 목적을 나타내는 구 혹은 절이 주절의 뒤에 오는 반면에, "**为**"와 "**为了**"가 이끄는 구는 주절 혹은 동사술어의 앞에 오게 된다.

为/为了~, 주어+동사술어

주어+为/为了~+동사술어

为了看到美丽的蓝天，呼吸到新鲜的空气，我真希望能回到马车时代。

丈夫为妻子准备了一顿丰盛的晚餐。

为了攒钱，他打了好几份工。

我们正在为实现梦想而努力学习。

2. 원인 결과 표현: "害得"

"**害得**"는 '좋지 않은 상태가 되거나 되게 하다'의 의미를 나타낸다.

空气污染也越来越严重，害得咱们每天生活在仙境。

感冒害得我整天流鼻涕。

他喝醉了，害得我好不容易才把他送回家。

邻居家的狗每天晚上叫个不停，常常害得我整夜失眠。

본문 ①

李　俊：哎，韩斌，你瞪大眼睛往天上看什么呢？天上会掉下馅饼吗？

姜韩彬：我在思念釜山的秋天。蓝蓝的天空、白白的云朵，远远望去，海上千帆驶过，海鸥在夕阳下飞翔……

李　俊：你是怎么了？得了思乡病了？上海不好吗？

姜韩彬：李俊，你快告诉我，我是到了仙境吗？还是马上要瞎掉了？

李　俊：你胡说八道什么？我听不懂。

姜韩彬：你看！上海金贸大厦、环球金融中心、上海中心大厦，这些摩天大楼怎么都不见了？……啊！我知道了，它们都淹没在浓雾中了！

李　俊：你说的是“雾霾”啊！干嘛这么大惊小怪的，最近几年上海雾霾也越来越严重了，特别是春秋两季，你刚来上海没多久，所以还不习惯。

姜韩彬：已经整整一周了，能见度只有50米。每天都好像走在云里雾里，让我以为到了仙境，或者雾都伦敦。

李　俊：都是因为空气污染太严重了，工厂排放废气，汽车排放尾气…… 你看看，汽车一辆接着一辆，60%的PM2.5(细颗粒物)都是汽车尾气造成的，所以啊，不出现雾霾才怪呢。

姜韩彬：为了看到美丽的蓝天，呼吸到新鲜的空气，真希望回到马车时代，或者自行车时代。

李　俊：是啊，我也深有同感！中国曾经是自行车王国，那是一种多么环保又健康的交通工具啊！我是在北京长大的，小时候总是坐在爸爸或妈妈的自行车后座上，飞快地骑过皇城根，清新的风从脸上吹过，那种感觉非常幸福。

姜韩彬：那时候，中国的马路上都有自行车专用车道，上下班时间，自行车就像洪水一样。车虽然多，但不会堵。那时候中国很少有胖子，因为骑自行车就是最好的锻炼。

李　俊：为了追求更安逸更快捷的生活，中国也开始家家买车，车成了代步工具，人们几乎不会走路了。空气污染也越来越严重，害得咱们每天好像生活在烟雾缭绕的仙境里一样。

姜韩彬：要是雾霾继续严重下去的话，我看咱们上下班就得请盲人领路了，或者租条导盲犬。

李　俊：哈哈哈哈，好办法！

姜韩彬：还有啊，空气中的细颗粒物对人体伤害很大，容易引起感冒、气管炎、肺炎、哮喘、鼻炎等各种呼吸道疾病。

李　俊：嗯，还容易诱发高血压、心脏病、中风等病。

姜韩彬：雾霾天让我感到消沉、压抑，我好像快得忧郁症了。

李　俊：是啊，长时间的大雾天气会加剧心里的抑郁状态。

姜韩彬：这样下去不行啊！为了解决雾霾问题，中国政府得采取点儿措施啊！

李　俊：中国污染非常严重，政府已经制定了新环保法，听说这是“史上最严环保法”呢。

姜韩彬：希望新环保法能够尽快解决各种环境问题，更希望每天都能看到上海摩天楼耸立在蓝天下。

李　俊：会有那一天的。走，哥们儿，我请你去星巴克喝杯热咖啡，保证你心情会变好。

姜韩彬：你这药方不对症。这样的天气，治疗忧郁的最好办法是来点儿鸡啤。

李　俊：鸡啤？你是说炸鸡和啤酒？

姜韩彬：没错。走，附近有家炸鸡啤酒店，去了一次，保证你还想去第二次。

주요표현과 문법 2

1. 강조 부정 표현: "别说A了，就连B也/都/还......"

"别说A了，就连B也 / 都 / 还....."는 'A는 말할 것도 없고 B도 없다 / 못하다'의 의미를 나타낸다.

别说你了，就连我这个老上海人离开几天也找不着家。

别说买房子了，就连租房的钱我还没有呢。

别说学一个月了，就连三天他都坚持不下去。

别说欧洲了，就连济州岛我也没去过。

2. 동의 표현: "谁说不是呢?"

"谁说不是呢?"는 '누가 아니래!'의 의미로, "可不是吗?"와 비슷하게 상대방의 말에 동의할 때 사용된다.

1) A：老百姓都能住上好房子，人民安居乐业，那该多好啊！

B：谁说不是呢？哎呀，咱俩光顾着说"天下大事"了，午休时间早过了。

2) A：真是六月的天，小孩子的脸啊！

B：谁说不是呢？刚才还大晴天，转眼就大雨瓢泼了。

3) A：小王升职以后就不爱理人了。

B：谁说不是呢？官升脾气长嘛。

본문 ②

小　王：韩彬，听说你买房了？

姜韩彬：已经交完了首付，剩下的分期付款就行了，明年春天就能入住。

小　王：在哪里买的？上海市区内的房子可是天价，我工作了这么多年，连个单间也买不起。

姜韩彬：我在昆山花桥买的房，紧挨着上海，交通非常方便。

小　王：花桥是江苏省的重要经济开发区，最近几年建设得相当不错，有“上海后花园”的美誉。不过，你怎么去那里买房了呢？

姜韩彬：一是因为我爱人的公司就在花桥附近，上下班都方便；二是花桥的住宅比上海便宜多了。如果在咱们公司附近买，恐怕我俩只好喝西北风了，薪水都得还房贷，那就真成了“房奴”了。

小　王：是啊，很多上海人都买不起房，一家人挤在十几平方米的蜗居里。我的小学老师，一家四口人，在九平米的小公寓里住了二十五年。

姜韩彬：上海、北京等一线城市的住房比首尔还贵，我真不明白，中国人的平均工资并不高，怎么买得起那么昂贵的房子。

小　王：工薪阶层当然买不起，但中国的有钱人也很多哦。这几年股市下跌，银行存款利息低，人民币不稳定，为了让手里的钱不贬值，很多人就开始投资房地产，所以中国的房价越炒越高。

姜韩彬：这也是一种泡沫经济吧？也许有一天，中国的房子会大大贬值的。

小　王：现在有些城市，很多高级小区建完之后没人买，都空着，成了鬼城。国家盲目把钱投资到建筑上，并不是明智之举。

姜韩彬：我看中国的贫富分化也很严重，听说很多贪官家里有几十套公寓。

小　王：是啊，不过这几年政府正在严格执行反腐工作，很多贪官的房子都被没收了。

姜韩彬：真是大快人心啊，应该把那些房子低价卖给没钱买房的人，比如像你的小学老师那样的人。

小　王：要是那样就好了，很多人会高兴得敲锣打鼓放鞭炮呢。

姜韩彬：中国发展得太快了，高楼大厦林立，高架桥、高速铁路连接着各个城市，五年前我来过一次上海，这次再来，简直认不出来了。

小　王：没错，远的不说，就说上海吧。上海世博园、上海迪士尼乐园等大规模建筑都是这几年建成的，别说你了，就连我这个老上海人离开几天也找不着家。

姜韩彬：希望中国的环境问题、污染问题、雾霾沙尘暴、还有食品卫生与质量等问题也能尽快解决，老百姓都能住上好房子，人民安居乐业，那该多好啊！

小　王：谁说不是呢？哎呀，咱俩光顾着说“天下大事”了，午休时间早过了，赶紧工作吧。

중국문화

중국의 스모그 문제

1 〈차이징의 스모그조사: 돔 천장 아래(柴静雾霾调查: 穹顶之下)〉

이는 중국 CCTV의 전 앵커이자 기자인 '차이징(柴静)'이 자비를 들여 제작한 중국의 스모그에 관한 다큐멘터리이다. 2013년에 차이징은 지방으로 출장을 다녀온 후 자신이 임신했다는 것을 알게 되고, 또한 태아에 종양이 생겼다는 소식을 의사에게 듣게 된다. 당시는 중국, 특히 중국의 북부지역에서 스모그현상이 심각하던 상황이라, 그녀는 자신의 아이에게 생긴 종양의 원인이 스모그가 아닐까라는 의심을 하게 된다. 그리하여 그녀는 CCTV를 퇴사한 뒤에 자비 100만 위안(약 1억 7천만 원)을 들여 중국의 스모그에 대하여 고발하는 다큐멘터리를 제작하게 된다. 다큐멘터리를 제작하는 과정에서 그녀는 중국 국내의 각 부처 관계자들을 인터뷰하고 스모그로 인해 고난을 겪었던 런던과 로스앤젤레스도 방문하여 취재를 하였다. 2015년 2월 28일에 이 다큐멘터리가 발표된 후에 중국의 여론이 들끓었으며, 중국정부는 한 때 포털 사이트에서 이 다큐멘터리가 검색되는 것을 차단하기도 하였다.

2 APEC蓝

"APEC蓝"은 2014년 11월 7일에서 2014년 11월 12일까지 개최된 '아세아 태평양 경제회의(APEC)'기간에 나타난 '스모그가 없는 푸른 하늘(정확히는 2014년 11월 12일 오전 9시에 베이징의 "水立方"부근에서 관측된 하늘의 색을 지칭)'을 가리키는 말이다. 2014년에 중국 베이징에서 APEC회의를 개최하기로 결정되었는데, 문제는 베이징의 심각한 대기오염이었다. 개막일자가 다가옴에 따라, 중국정부에서는 '전대미문'의 엄격한 대책을 실행함으로써 APEC 회의기간에 대기 오염도를 낮출 수 있었는데, 구체적인 대책은 다음과 같다.

1) 자동차 2부제 운행
2) 공장 가동 중지
3) 공사 중지
4) 거리 청결 유지
5) 각급 학교 임시휴교

그런데, APEC 회의가 끝난 이후에 얼마 지나지 않아 베이징에 다시 스모그가 나타나기 시작하였는데, 그리하여 중국의 일부 누리꾼들은 이를 풍자하기 위해 "APEC蓝"이라는 용어를 사용하기도 하였다.

연 습 문 제

☆ 자신의 생각을 말해 보십시오.

01 한국에도 스모그가 있습니까? 한국에서 환경문제에 대처하기 위해 마련한 방안이나 규제에 대하여 알려줄 수 있습니까? (韩国有没有雾霾？能说说韩国治理环境的办法和相关法律吗？)

02 한국에서 집을 구하기가 어렵습니까? 일반 노동자들의 월급으로 아파트를 구입하기는 어렵습니까? 한국인들은 어떻게 아파트를 구입합니까? 당신은 얼마동안 일을 해야 아파트를 구입할 수 있을 것 같습니까? (韩国的住房紧张吗？对普通工薪层来说，购买公寓难不难？韩国人怎样购买公寓？对你来说，你希望工作多久可以买公寓？)

03 한국에서 빈부격차가 심해지고 있다고 생각하십니까? 그 근거는 무엇입니까? 그리고 빈부격차를 해결하기 위한 방법에 대한 의견을 말해보십시오. (你认为韩国的贫富差距严不严重? 其根据是什么? 再谈谈如何才能缩小贫富差距。)

04 당신은 아파트와 단독주택 중에서 어떤 집을 사고 싶습니까? 그 이유는 무엇입니까? (如果在公寓和独门独院的房子中让你选择，你会选择哪种？理由是什么？)

12

我的事业我做主

내 사업은 내가 이끌어 가는 거야

학 습 목 표

선택 표현 2	"宁可~，也要~"
전환 표현 3	"倒是"
생략 표현	문장 성분 생략
결론 표현	"总的来说"

새로운 낱말

两码事	liǎngmǎshì	구 별개의 문제
辞掉	cídiào	동 그만두다
养家糊口	yǎngjiāhúkǒu	성 집안 식구를 부양하다
退路	tuìlù	명 퇴로
透彻	tòuchè	형 투철하다
菜系	càixì	명 (지역적 특색을 보이는) 요리
热衷	rèzhōng	동 간절히 바라다
内需	nèixū	명 내수
得不偿失	dēbùchángshī	성 얻는 것보다 잃는 것이 많다
同心协力	tóngxīnxiélì	성 일치단결하다
立住脚	lìzhùjiǎo	구 기반을 확고히 하다
魄力	pòlì	명 박력, 패기
天猫	tiānmāo	고유 Tmall(온라인 쇼핑몰)
旗下	qíxià	명 산하, 수하
人力股	rénlìgǔ	구 스톡옵션(주식매입선택권)
实体店	shítǐdiàn	명 오프라인 상점
店铺	diànpù	명 점포
浏览	liúlǎn	동 훑어보다
概率	gàilǜ	명 확률
承担	chéngdān	동 맡다
商机	shāngjī	명 사업 기회
逐年	zhúnián	부 해마다
年夜饭	niányèfàn	명 섣달 그믐 밤에 먹는 음식

새로운 낱말

供不应求	gōngbùyìngqiú	성 공급이 수요를 따르지 못하다
声誉	shēngyù	명 명성, 명예
差评	chàpíng	구 좋지 않은 평가
电商	diànshāng	명 전자 상거래

俗语와 短语

民以食为天　mínyǐshíwéitiān　백성들은 먹을 것을 하늘로 여긴다.

출처: 사기 · 력생육가열전(≪史记·郦生陆贾列转≫)

"王者以民人为天，而民人以食为天。"

(왕은 백성을 하늘로 여기며, 백성은 먹을 것을 하늘로 여긴다.)

任重而道远　rènzhòng'érdàoyuǎn　큰 일을 맡아 책임이 무거움.

출처: 논어 · 태백(≪论语·泰伯≫)

曾子曰："士不可以不弘毅，任重而道远。仁以为己任，不亦重乎？死而后已，不亦远乎？"

(증자는, "선비는 (도량이) 넓고 (의지가) 굳세지 않으면 안 되니, 맡은 바가 무겁고 앞길이 멀기 때문이다. 인자함으로써 자기의 맡은 바를 삼았으니 또한 (그 맡은 바가) 무겁지 아니한가? 죽은 뒤에야 (그 맡은 바가) 끝날 것이니 (앞길이) 또한 멀지 아니한가?"라고 하였다.)

주요표현과 문법 1

1. 선택 표현 2: “宁可~，也要~”

“**宁可**”는 접속사로서 “**与其**”와 마찬가지로 ‘하나를 버리고, 다른 하나를 선택함’을 나타내는 표현에서 사용되지만, “**与其**”와는 반대로 “**宁可**”가 수반하는 내용을 선택한다는 의미를 지니고 있다. 그런데, “**宁可A，也要B**”의 구문에서는 A와 B를 모두 선택한다는 의미를 내포하고 있는데, 구체적으로는 ‘A를 하더라도，B를 한다’를 나타낸다.

宁可 + 동사술어, 也要 + 동사술어

宁可先辛苦点，**也要**给自己留个退路嘛。
他**宁可**失去宝贵的生命，**也要**守护自己的祖国。
母亲**宁可**自己受苦受累，**也要**挣钱供我读书。
父亲**宁可**自己受伤，**也要**保护好我和妈妈。

2. 전환 표현 3: 부사 “倒是”

“**倒是**”는 부사로서 ‘오히려, 도리어’를 의미하며, ‘일반적인 상황과 맞지 않음’을 나타낸다.

我最近**倒是**考察了几个项目，不知道你有没有想过做什么好？
就妇女在其它方面的才能来说，我**倒是**经常发现妇女一结婚，才能就完蛋了。
帮忙，只是举手之劳，而感激**倒是**永无尽头的。

본문 ①

(姜韩彬和妻子吴小莹在咖啡馆讨论创业的问题。)

姜韩彬：小莹，咱们现在靠工资过日子，有点紧张。是不是一起干点什么？

吴小莹：我也正想跟你聊这个事呢。咱们不像以前，恋爱的时候没有什么压力，现在结婚了，将来还要有孩子，用钱的地方多着呢。

姜韩彬：是啊，恋爱和结婚完全两码事，所以我想把工作辞掉自主创业。

吴小莹：嗯，我同意你的想法。但是我觉得你不要先辞职再创业，应该先用业余时间考察一下创业项目，然后等时机成熟了再考虑全职创业。

姜韩彬：可是这样的话会很辛苦，而且时间上两头也照顾不到，我觉得还是辞掉工作专心创业比较好。

吴小莹：可是你有没有想过后果？万一创业失败了，我的收入不够养家糊口。你还是先保住工作，边工作边创业吧！宁可先辛苦点，也要给自己留条退路嘛。

姜韩彬：好吧，这么做比较保险一点，那就听你的！

吴小莹：我最近倒是考察了几个项目，不知道你有没有想过做什么好？

姜韩彬：我还没有考虑好，毕竟我是外国人，对中国的情况不如你了解得透彻。你先说说你的想法吧。

吴小莹：好吧，中国是个人口大国，衣食住行最重要，中国有句古话叫"民以食为天"，我首先想到的是开个饭店，你可以把韩国的美食带过来，让中国人也有机会尝尝正宗的韩国饮食。

姜韩彬：好啊！其实我也发现中国人对吃还是很讲究的，你看中国光菜系就有八个，每个菜系的特色都不一样，口味也不一样。但我比较担心的是他们能不能吃得惯韩国菜。

吴小莹：这个没有关系，你也知道，现在上海有好多韩国餐厅了，因为韩流嘛，中国人对韩国越来越了解了，对韩国的文化也越来越喜欢，尤其是饮食文化。比如说电视剧《来自星星的你》里的"炸鸡啤酒"就深受年轻人的喜爱。

姜韩彬：太有意思了，其实韩国除了"炸鸡啤酒"外还有很多其他好吃的，比如烤肉、豆腐汤、泡菜汤、排骨汤、牛尾汤等等。

吴小莹：我看你口水都快流出来了吧。

姜韩彬：可不是嘛，说起故乡的美食，肯定很想念嘛。你说咱们开个什么饭店？

吴小莹：这个你说了算，你在韩国的时候最喜欢吃什么？

姜韩彬：我都喜欢！不过最喜欢的还是烤肉。

吴小莹：烤肉店上海已经有很多了，要开就要开出我们的特色才行，要不然可能赚不到钱。你再想想别的项目。

姜韩彬：别的……我再想想吧。现在创业的人挺多的对吧？我看新闻上说中国的年轻人都非常热衷于创业。

吴小莹：是的，一方面是中国近几年经济发展的速度很快，另一方面是因为中国的产业机构调整。以后中国要靠内需拉动经济增长，所以这样就会创造出很多新兴的行业和新的就业机会。

姜韩彬：噢，我懂了，所以才会有很多人看准了机会开始创业了，对吗？

吴小莹：传统经济发展模式对环境的伤害也很大，你看中国北方重工业区的雾霾天，如果还这样下去的话真是得不偿失啊。

姜韩彬：其实韩国的新闻上也有关于中国雾霾的报道，说环境问题是世界性的难题，需要各个国家同心协力才能改善。

吴小莹：说的对！这不是我们能解决的问题，所以我们就趁着这个机会快点创业，快点立住脚，多挣钱。

姜韩彬：任重而道远啊！

주요표현과 문법 2

1. 생략 표현: 문장성분의 생략

일정한 언어 환경(전후 문맥)에서는 하나 이상의 문장성분이 생략될 수 있는데, 구어에서는 주로 "의문문 - 답문"에서 문장성분의 생략이 발생한다.

我想在上海开个韩国料理餐厅，你觉得怎么样？ (**我觉得是个**)好主意。

我们要坐的船到底在哪儿？ (**船**)在码头的西北角。

谁去公安局办住宿登记? 我去(**公安局办住宿登记**)吧。

你买了几套餐具? (**我买了**)三套(**餐具**)。

2. 결론 표현: "总的来说"

"总的来说"는 '총체적으로 말하자면, 전반적으로' 등을 의미하며, 일련의 상황을 종합하여 내린 결론을 말할 때 주로 사용된다.

总的来说就是好评越多越好，销量也会越来越高。

总的来说，我同意你的看法。

总的来说，公司的经营状态较好。

总的来说，今日报道的内容是虚假的。

본문 ②

(姜韩彬和同事小张在饭店一起吃饭)

姜韩彬：好久没见你了，最近忙什么呢？

小　张：嗨，别提了，我把工作辞了，创业了。

姜韩彬：啊？真的吗？你这么有魄力！我说最近怎么见不到你了呢。做什么项目？

小　张：我瞎弄，跟朋友一起开了个网店，你知道天猫吗？

姜韩彬：天猫是阿里巴巴旗下的品牌吧？我知道。要是开个天猫店的话，得有实体公司才行啊！你什么时候开的公司？

小　张：我哪有公司啊，公司和投资都是朋友的，我就是去帮忙干活，算是投个人力股。现在刚起步，还不知道怎么样。

姜韩彬：这样啊，我上天猫看过，卖什么的都有，你们具体做什么？

小　张：我们做女装。你也知道女孩喜欢购物嘛，所以我们选了这个项目。

姜韩彬：这个项目很好啊！以前网络没那么发达的时候人们都是去实体店购物。现在网络发达了，坐在家里就能买到东西了。

小　张：是的！但是网络销售也不是那么简单的事情，我们要做推广和广告，需要一笔很大的投资。

姜韩彬：具体说一下呗，我想学学你的经验。

小　张：网络销售首先得获取流量，就是说当消费者进入天猫页面的时候不用翻页就能看到你的店铺，这是需要花钱买的。另外，还需要点击量，就是让更多的人点击你的店铺，进入你的店铺浏览商品，这样才能增加购买的概率。

姜韩彬：你不告诉我的话，我还以为网络销售是一件十分简单的事情。

小　张：当然不是，没有简单的行业，无论干哪一行，都得努力才行。

姜韩彬：我想在上海开个韩国料理餐厅，你觉得怎么样？

小　王：好主意啊！但你要考察一下市场才行，多问问上海朋友，看看他们的口味是什么样的，还要在饭店选址上仔细地研究一下才行。

姜韩彬：对！我跟你想的一样。我问了周围的上海朋友，他们普遍的口味是甜和淡。韩国饮食口味比较重，需要改良一下才行。

小　王：是的，中国每个地方的口味都不一样，有南甜北咸东辣西酸的说法。上海属于南方，所以口味偏甜。

姜韩彬：对对，我听我媳妇说过。所以我也在考虑怎么改良韩国饮食。还有刚才说的选址的问题，你觉得选在哪儿好?

小　王：我觉得越靠近繁华地段越好，但是繁华地段的租金肯定很贵。在自己资金能承担的情况下，越靠近繁华地段越好。

姜韩彬：好，下次有时间，我就在地图上先圈好几个地方再实地考察一下。

小　王：创业很辛苦啊！你要做好充分的心理准备啊。你想过没有，等你把店面盘下来，还要装修，也是个体力活啊！

姜韩彬：我知道，早就做好准备了。为了生活而奋斗！中国人的生活水平越来越高了，这种商机不能错过。

小　王：人们的生活水平在逐年提升，消费观念也在不断地改变，以前中国人的年夜饭必须在家吃，现在饭店的年夜饭套餐服务供不应求，都得提前半年预订才行呢！

姜韩彬：真的吗？韩国可不是这样，在韩国过年的时候要回老家跟家人一起过才行。不过听你这么一说，我更有信心了。

小　张：韩彬加油，我看好你。有时间的时候去我的网店买东西啊，给我捧捧场！

姜韩彬：哈哈！好啊！把你网店的链接发个给我，我有空去看看。

小　王：我的店全名叫"非墨天猫旗舰店"，你到淘宝上一搜就出来了。另外，买了东西记得给我好评哦。

姜韩彬：那当然了，淘宝上买家的评价会直接影响店铺的声誉对吧？如果很多人给你差评，你的店可能会关门吧。

小　王：是的！天猫有一套信用评价体系，挺复杂的。总的来说就是好评越多越好，销量也会越来越高。这不快到双十一了，我们店开始搞打折促销了。

姜韩彬：嗯，中国的电商搞得太好了，十一月十一号原来不是光棍节嘛，现在被阿里巴巴生生搞成了双十一购物节，太神奇了！

중국문화

중국의 벤처기업

1 알리바바 그룹(阿里巴巴集团)

'알리바바 네트워크 기술 주식회사(阿里巴巴网络技术有限公词, 약칭: 阿里巴巴集团)'은 영어교사로 재직하던 마윈(马云)이 18명의 동료들과 함께 항주에서 창립한 회사이다. 마윈은 당시에 '인터넷이 공평한 경쟁환경을 조성하고, 중소 기업이 창조 정신과 기술력을 통하여 발전할 수 있는 무대를 만들어내며, 국내 혹은 전세계의 시장 경쟁에 뛰어들었을 때 유리한 위치를 차지하게 만들 수 있을 것'이라 내다보았다.

알리바바 그룹은 현재 다양한 방면으로 사업 영역을 확장하고 있는 가운데, 관련 업계와 협력관계를 맺고 있다. 알리바바 그룹의 주요 사업으로는 "淘宝网(직영)", "天猫(직영)", "阿里云(직영)", "支付宝(자회사)" 등이 있다. 2014년 9월 19일에 알리바바 그룹은 뉴욕 증권거래소(NYSE)에 'BABA'라는 주식코드로 정식 상장을 하였으며, 마윈이 창업자 및 CEO로 등록이 되어 있다. 알리바바 그룹은 2015년에 943.84억 위안의 총수익을 올렸으며, 688.44억의 순수익을 거두어 들였다. 2016년 현재, 알리바바 그룹은 중국 500대 기업 중에서 148위에 올라있다.

2 마윈(马云)

1964년 9월 10일 중국 저장성 항저우시에서 태어난 마윈은 알리바바 그룹의 주요 창업자이며, 현재에는 알리바바 그룹 이사회 주석, 일본 소프트뱅크 그룹 이사 등을 역임하고 있다.

1988년에 항저우 사범학원을 졸업하고, 동년에 항저우 전자공업학원에서 영어 및 국제무역을 담당하는 교사로 채용되었다. 1995년에 중국 최초의 상업 정보 제공 홈페이지인 "中国黄页"를 만들었고, 1998년에는 중국 국제 전자 비즈니스 센터의 국부 통신 기술 주식회사의 최고 책임자를 역임하였으며, 1999년에는 알리바바를 창업하여 알리바바 그룹의 CEO 및 이사회 주석을 역임하였다.

마윈은 2013년 5월 10일에 알리바바 그룹의 CEO를 사임하였으나 이사회 주석직은 내려놓지 않았다. 동년 6월 30일에 '글로벌 인터넷 관리 연맹 이사회 연합'의 주석에 선출되었고, 10월에는 영국 총리 데이비드 캐머런의 경제 사무 특별 고문에 임명되었다. 2016년 5월 8일에는 '중국 기업가 클럽'의 주석을 맡게 되었으며, 동년 9월 21일에는 UN의 반기문 사무총장이 직접 서명하여 'UN 무역 및 발전 회의 청년 창업 및 기업 특별 고문'에 임명되었다.

연습문제

☆ 자신의 생각을 말해 보십시오.

01 한국의 창업 환경은 어떠합니까? (韩国创业的环境怎么样?)

02 한국에서 온라인 쇼핑몰은 어떻게 열 수 있습니까? (韩国网店怎么开?)

03 생각해 본 창업아이템이 있습니까? 만약, 그것을 가지고 창업을 한다면 성공할 가능성이 있다고 생각하십니까? (有没有考虑过的创业项目? 如果有，你认为能不能成功?)

04 졸업 후에 취업을 하시겠습니까, 창업을 하시겠습니까? 그 이유는 무엇입니까? (你毕业后要找工作，还是自己创业? 其理由是什么?)

진광호

부산외국어대학교 중국학부 중국어전공

孙淇

부산외국어대학교 중국학부 중국어전공

许莉

부산외국어대학교 중국학부 중국어전공

曹筱君

부산외국어대학교 중국학부 중국어전공

박규정

부산외국어대학교 중국학부 중국어전공

李平瑞

부산외국어대학교 중국학부 중국어전공

생생한 LIVE 중국어 5

초판 1쇄 발행 _ 2018년 2월 28일

저　　자 • 진광호 · 孙淇 · 许莉 · 曹筱君 · 박규정 · 李平瑞
발 행 인 • 정 현 걸
발　　행 • 신 아 사
인　　쇄 • 토탈프로세스
출판등록 • 1956년 1월 5일 (제9-52호)
주　　소 • 서울특별시 은평구 통일로 59길 4
전　　화 • 02)382-6411 · 팩스 02)382-6401
홈페이지 • www.shinasa.co.kr
E-MAIL • shinasa@daum.net

ISBN 978-89-8396-266-9 (93720)

정가 *15,000* **원**